Collection Artistique Guillaume et Cie

ALPHONSE DAUDET

Trente ans de Paris

PARIS
C. MARPON ET E. FLAMMARION
26, RUE RACINE, 26

1888

Il a été tiré de cet ouvrage

125 exemplaires numérotés sur papier du Japon

Trente ans de Paris

OUVRAGES PARUS

DANS LA MÊME COLLECTION

LA LIBRAIRIE MARPON & FLAMMARION

FORMAT IN-18 A 3 FR. 50 LE VOLUME

Alphonse Daudet

Tartarin sur les Alpes (120e mille). . . I VOL.
Tartarin de Tarascon (33e mille).. . . I VOL.
Sapho (33e mille). . . . . I VOL.

Collection Artistique Guillaume et C¹ᵉ

ALPHONSE DAUDET

Trente ans de Paris

A TRAVERS MA VIE ET MES LIVRES

Illustré

PAR BIELER, MONTÉGUT, MYRBACH, PICARD ET ROSSI

Gravure de Guillaume Frères et C¹ᵉ

PARIS
C. MARPON ET E. FLAMMARION
26, RUE RACINE, 26
1888

Tous droits réservés.

Trente ans de Paris

L'ARRIVÉE

Quel voyage! Rien qu'en y pensant trente ans après, je sens encore mes jambes serrées dans un carcan de glace et je suis pris de crampes d'estomac. Deux jours en wagon de troisième classe, sous un mince habillement d'été et par un froid! J'avais seize ans, je venais de loin, du fin fond du Languedoc où j'étais pion, pour me donner à la littérature. Ma place payée, il me restait en poche juste quarante sous;

mais pourquoi m'en serais-je inquiété? j'étais si riche d'espérances! J'en oubliais d'avoir faim; malgré les séductions de la pâtisserie et des sandwichs qui s'étalaient aux buffets des gares, je ne voulais pas lâcher ma pièce blanche soigneusement cachée dans une de mes poches. Vers la fin du voyage pourtant, quand notre train, en geignant et nous ballottant d'un côté à l'autre, nous emportait à travers les tristes plaines de la Champagne, je fus bien près de me trouver mal. Mes compagnons de route, des matelots qui passaient leur temps à chanter, me tendirent une gourde. Les braves gens! Qu'elles étaient belles, leurs rudes chansons, — et bonne, leur eau-de-vie rèche, pour quelqu'un qui n'avait pas mangé pendant deux fois vingt-quatre heures!

Cela me sauvait et me ranimait, la lassitude me disposait au sommeil; je m'assoupis, — mais avec des réveils périodiques aux arrêts du train et des rechutes de somnolences lorsqu'on se remettait en marche...

Un bruit de roues qui sonne sur des

plaques de fonte, une gigantesque voûte de verre, inondée de lumière, des portes qui claquent, des chariots à bagages qui roulent, une foule inquiète, affairée, des employés de la douane, — Paris!

Mon frère m'attendait sur le perron. Garçon pratique malgré sa jeunesse, pénétré du sentiment de ses devoirs d'aîné, il s'était pourvu d'une charrette à bras, et d'un commissionnaire.

— Nous allons charger ton bagage.

Il était joli, le bagage! Une pauvre petite mallette garnie de clous, avec des rapiéçures, et pesant plus que son contenu. Nous nous mîmes en route vers le quartier latin le long des quais déserts, par les rues endormies, marchant derrière notre charreton que poussait le commissionnaire. Il faisait à peine jour; nous rencontrions seulement des ouvriers aux figures bleuies par le froid ou des porteurs de journaux en train de glisser adroitement sous les portes des maisons les feuilles du matin. Les becs de gaz s'éteignaient; les rues, la Seine et ses ponts, tout m'apparaissait ténébreux à travers le brouillard matinal. Telle fut mon entrée dans Paris; serré contre mon frère, le cœur angoissé, j'éprouvais une terreur involontaire, et nous

suivions toujours la charrette.

— Si tu n'es pas trop pressé de voir notre appartement, allons déjeuner d'abord, me dit Ernest.

— Oh! oui, mangeons.

L'arrivée

Littéralement je mourais.

Hélas! la crèmerie, une crèmerie de la rue Corneille, n'était pas encore ouverte; il nous fallut attendre longtemps, en nous promenant aux environs, pour nous réchauffer, et tout autour de l'Odéon, qui m'imposait avec son vaste toit, son portique et son air de temple.

Enfin les volets s'écartèrent; un garçon à moitié endormi nous fit entrer, traînant avec bruit ses pantoufles lâches et grommelant comme les hommes d'écurie qu'on réveille aux stations de poste pour atteler le relai. Ce déjeuner au point du jour ne s'effacera jamais de ma mémoire : il me suffit de fermer les yeux pour revoir la petite salle aux murs blancs et nus, avec ses portemanteaux plantés dans le crépi, le comptoir chargé de serviettes enfilées dans des ronds, les tables de marbre, sans nappes, mais reluisantes de propreté ; des verres, des salières et de tout petits carafons remplis d'un vin où il n'y avait pas trace de jus de raisin, mais qui me parut excellent tel quel, se trouvaient déjà en place.

— *Trois de café !* commanda de sa propre autorité le garçon en nous voyant. Comme à cette heure matinale il n'y avait personne d'autre que lui dans la salle et à la cuisine, il se répondit « boum ! » à lui-même, et nous apporta « *trois de café* », c'est-à-dire pour trois sous d'un café savoureux, balsamique, raisonnablement édulcoré, qui disparut bien vite en même temps que deux petits pains servis dans une corbeille en tresse.

Nous commandâmes ensuite une omelette ; car pour une côtelette il était encore trop tôt.

— Une omelette pour deux, boum ! mugit le garçon.

— Bien cuite ! cria mon frère.

Je m'inclinais avec attendrissement devant l'aplomb et les grandes manières de ce sybarite de frère ; et au dessert, les yeux dans les yeux, les coudes sur la table, que de projets, de confidences n'échangions-nous pas, assis devant une assiette de raisins secs et de noisettes ! L'homme qui a mangé devient meilleur. Adieu mélancolie, inquiétudes ; ce simple déjeuner m'avait grisé tout aussi bien que du champagne.

Nous sortîmes bras dessus bras dessous, en parlant très fort. Il faisait enfin grand jour. Paris me souriait par tous ses magasins ouverts ; l'Odéon lui-même prenait pour me saluer un air affable, et les blanches reines de marbre du jardin du Luxembourg, que j'apercevais à travers la grille, au milieu des arbres dépouillés, semblaient me faire gracieusement signe de la tête et me souhaiter la bienvenue.

Mon frère était riche. Il remplissait les fonctions de secrétaire auprès d'un vieux monsieur qui lui dictait ses mémoires, au prix de 75 francs par mois. Il nous fallait vivre avec ces 75 francs en attendant que la gloire me vint ; partager cette petite chambre au cinquième, rue de Tournon, à l'hôtel du Sénat, presque un grenier, mais qui me paraissait superbe. Un grenier parisien ! Rien que de voir ces mots *Hôtel du Sénat* éclater en grosses lettres sur l'enseigne, cela flattait mon amour-propre et me donnait des éblouissements. En face de l'hôtel, de l'autre côté de la rue, il y a une maison datant du siècle dernier, avec un fronton et deux figures couchées, qui font toujours mine de vouloir tomber du haut du mur dans la rue.

— Voilà où demeure Ricord, me dit mon frère, le fameux Ricord, le médecin de l'empereur.

L'*Hôtel du Sénat*, le médecin de l'empereur, ces grands mots chatouillaient ma vanité, me charmaient. Oh ! les premières impressions de Paris.

Les grands restaurants du boulevard

Saint-Michel, les nouvelles constructions du boulevard Saint-Germain et de la rue des Écoles n'avaient pas encore chassé du Quartier la jeunesse studieuse, et, malgré son nom pompeux, notre hôtel de la rue de

Tournon ne se piquait guère alors de la gravité sénatoriale.

Il y avait là toute une colonie d'étudiants, horde venue du midi de la Gascogne, braves garçons un peu glorieux, suffisants et réjouis, grands amateurs de chopes et de palabres, remplissant l'escalier et le corridor du bruit de leurs puissantes voix de basse. Ils passaient leur temps à causer de tout et à discuter sans trêve. Nous les rencontrions rarement, seulement le dimanche, et encore accidentellement, c'est-à-dire quand notre bourse nous permettait le luxe d'un dîner à table d'hôte.

C'est là que je vis Gambetta. Il était déjà l'homme que nous avons connu et admiré. Heureux de vivre, heureux de parler, ce loquace Romain, greffé sur une souche gauloise, s'étourdissait lui-même du cliquetis de ses discours, faisait trembler les vitres aux éclats de sa tonitruante éloquence, et finissait le plus souvent par de bruyants éclats de rire. Il régnait déjà sur la foule de ses camarades. Dans le quartier, c'était un personnage, d'autant plus qu'il recevait de Cahors 300 francs par mois — somme énorme pour un étudiant de ces temps reculés. Nous nous sommes liés depuis. Mais je n'étais encore qu'un provincial arrivé la veille et à peine dégrossi. Je me bornais du bout de la table à le contempler, avec beaucoup d'admiration et sans l'ombre d'envie.

Lui et ses amis s'occupaient avec ardeur de politique; au quartier latin ils faisaient déjà le siège des Tuileries, tandis que mes goûts, mon ambition se tournaient vers d'autres conquêtes. La littérature, c'était l'unique but de mes rêves. Soutenu par la confiance illimitée de la jeunesse, pauvre et radieux, je passai toute cette année dans mon grenier à faire des vers. C'est une histoire commune et touchante. Paris les compte par centaines les pauvres jeunes diables ayant pour toute fortune quelques rimes; mais je ne pense pas que personne ait jamais commencé sa carrière dans un dénûment plus complet que moi.

A l'exception de mon frère, je ne connaissais personne. Myope, gauche et timide, quand je me glissais hors de ma mansarde, je faisais invariablement le tour de l'Odéon je me promenais sous ses galeries, ivre de frayeur et de joie à l'idée que j'y rencontrerais des hommes de lettres. Près de la boutique de Mme Gaut, par exemple. Mme Gaut, déjà vieille, mais des yeux étonnants, brillants et noirs, permettait de parcourir les livres nouveaux exposés sur son étalage, à la condition de n'en pas couper les feuilles.

Je la vois causant avec le grand romancier Barbey d'Aurevilly : elle, tricotant un bas ; l'auteur d'*Une vieille maîtresse*, le poing sur la hanche, « à la Mérovingienne », le coin de son manteau de roulier, doublé

de beau velours noir, rejeté en arrière, pour que chacun puisse se convaincre de la somptuosité de ce vêtement, modeste en apparence.

Quelqu'un s'approche, c'est Vallès. Le futur membre de la Commune passait presque tous les jours devant chez Mme Gaut en revenant du cabinet de « la mère Morel », où il avait l'habitude d'aller dès le matin

travailler et lire. Bilieux, moqueur, éloquent, toujours revêtu de la même mauvaise redingote, il parlait d'une voix rude et métallique dans sa sombre physionomie d'Auvergnat qu'enveloppait une barbe dure, en brosse, atteignant presque les sourcils; cette voix me rendait nerveux. Il venait d'écrire l'*Argent,* sorte de pamphlet dédié à Mirès et orné en guise de vignette d'un dessin représentant une pièce de cent sous; et en attendant de devenir l'associé de Mirès, il s'était fait l'inséparable du vieux critique Gustave Planche. L'Aristarque de la *Revue des Deux-Mondes* était alors un gros vieillard à l'air dur, un Philoctète enflé, traînant la jambe et clochant du pied. Un jour j'eus l'audace de les épier à travers une fenêtre du café de la rue Taranne, en me haussant jusqu'à la vitre et en la frottant avec mes doigts; c'était le café voisin de la maison aujourd'hui démolie où Diderot a demeuré quarante ans. Ils étaient assis en face l'un de l'autre; Vallès gesticulait avec animation, Planche était en train d'absorber verre à verre un carafon d'eau-de-vie.

Et Cressot! le débonnaire, l'excentrique Cressot, que Vallès a immortalisé depuis dans ses *Réfractaires,* il me serait difficile de l'oublier. Je l'ai aperçu bien souvent au Quartier, se glissant le long des murs, promenant sa face triste et souffreteuse et son long corps de squelette drapé dans un manteau court.

Cressot était l'auteur d'*Antonia*, poème. De quoi vivait ce pauvre Gringoire? Personne ne le savait. Un beau jour, un ami de province lui laissa par testament une petite rente : ce jour-là Cressot mangea et en mourut.

Une autre physionomie de cette époque est gravée dans ma mémoire, celle de Jules de la Madelène, un des meilleurs *poetæ minores* de notre littérature en prose, l'auteur trop peu connu de créations qui excellent par une beauté de lignes véritablement antique : les *Ames en peine* et le *Marquis de Saffras*. Des manières aristocratiques, une tête blonde rappelant le Christ du Tintoret, des traits fins et un peu maladifs, des yeux pleins de tristesse et pleurant le soleil de la Provence, son pays. On se racontait son histoire à l'oreille ; — celle d'un enthousiaste et d'un vaillant de bonne race. En juin 1848, blessé sur les barricades, on l'avait laissé pour mort dans les rangs des insurgés. Ramassé sur le pavé par un bourgeois, il restait caché chez son sauveur, dont la famille le soignait, le remettait sur pied. Une fois guéri, il épousait la fille de la maison.

Rencontrer des hommes célèbres, échanger avec eux par hasard quelques mots, il

n'en faut pas plus pour enflammer l'ambition. « Et moi aussi j'arriverai ! » se dit-on avec confiance.

De quel entrain je grimpais alors mes cinq étages, — surtout quand j'étais parvenu à faire l'achat d'une bougie qui me permettait de travailler toute la nuit, d'élaborer, sous sa flamme courte, vers, ébauches de drames, se succédant à la file sur les feuilles de papier blanc. L'audace me mettait des ailes ; je voyais l'avenir s'ouvrir tout grand devant moi, j'oubliais mon indigence, j'oubliais mes privations, comme dans cette

veillée de Noël, où j'enfilais des rimes avec emportement, tandis qu'en bas les étudiants festinaient à grand bruit et que la voix de Gambetta grondant sous les voûtes de l'escalier, répercutée par les murs du corridor, faisait vibrer ma fenêtre gelée.

Mais, dans la rue, mes anciennes frayeurs reprenaient le dessus. L'Odéon, en particulier, me frappait de crainte; il me paraissait tout le long de l'année aussi froid, aussi imposant et inaccessible que le jour de mon arrivée. Odéon, — Mecque de mes aspirations, but de mes vœux intimes, que de fois j'ai renouvelé mes timides et secrètes tentatives pour franchir le seuil auguste de la petite porte basse par où entrent tes artistes! Que de fois j'ai regardé passer à travers cette porte Tisserant, dans toute sa gloire, les épaules courbées sous son manteau, avec un air pataud et débonnaire imité de Frédérick Lemaître! Après lui, bras dessus, bras dessous avec Flaubert, et lui ressemblant comme un frère, Louis Bouilhet, l'auteur de *Madame de Montarcy*, et souvent le comte d'Osmoy, aujourd'hui député. Ils écrivaient alors à eux trois une grande pièce fantastique qui n'a jamais vu les planches. Derrière eux venait, les suivant, un groupe composé de quatre ou cinq géants, aux façons militaires, tous Normands, tous taillés sur le même patron de cuirassier, avec des moustaches blondes. C'était la cohorte des Rouennais, les lieutenants de Bouilhet, qui applaudissaient à la baguette aux premières représentations.

Puis Amédée Rolland, Jean Duboys, Bataille, trio plus jeune, entreprenant, hardi, cherchant à se glisser, lui aussi, par la petite porte, comme la queue du vaste manteau de Tisserand.

Tous trois sont morts comme Bouilhet au début même de leur carrière littéraire, et c'est pourquoi les galeries de l'Odéon, quand je m'y promène au crépuscule, me semblent aujourd'hui peuplées d'ombres amies.

Cependant, ayant achevé un petit volume de poésies, je fis le tour des éditeurs; je frappai à la porte de Michel Lévy, de Hachette; où n'allai-je pas? Je me faufilai dans toutes les grandes librairies, vastes comme des cathédrales, où mes bottines criaient terriblement et malgré les tapis faisaient un bruit affreux. Des employés à mines bureaucratiques m'examinaient d'un air important et froid.

— Je voudrais voir M. Lévy... pour affaire de manuscrit.

— Très bien, monsieur; veuillez me dire votre nom.

Et ce nom dit, l'employé, méthodique-

ment, approchait ses lèvres de l'un des orifices du porte-voix; puis appliquant son oreille contre l'autre :

— M. Lévy n'est pas à la maison.

M. Lévy n'était jamais à la maison, ni M. Hachette; personne n'était à la maison, toujours grâce à cet insolent porte-voix.

Il y avait encore, sur le boulevard des

Italiens, la Librairie nouvelle. Là, pas de porte-voix, pas d'ordre administratif, au contraire. L'éditeur Jacotet, qui lançait alors

ses petits volumes à un franc, une idée de lui, était un petit homme court, ressemblant à Balzac, mais sans le front de Balzac, toujours en mouvement, accablé d'affaires et de dîners, agitant continuellement dans sa tête quelque projet colossal, et brûlant l'or dans ses poches. Ce tourbillon le conduisit en deux ans à la banqueroute, et il alla fonder, de l'autre côté des Alpes, le journal *l'Italie.* Mais aussi son magasin servait de salon à l'élite intellectuelle des boulevards; on pouvait y voir Noriac, qui venait de publier son 101ᵉ *Régiment,* Scholl tout fier de son succès de *Denise,* Adolphe Gaiffe, Aubryet. Tous ces habitués du boulevard, irréprochablement mis, causant d'argent et de femmes, me rendirent confus quand je vis ma personne se refléter mêlée aux leurs dans les carreaux de la vitrine, avec mes cheveux longs comme ceux d'un *pifferaro,* mon petit chapeau de Provence. Quant à Jacotet, il me donnait constamment rendez-vous pour trois heures de l'après-midi à la Maison d'Or.

— Nous y causerons, disait-il, et nous signerons notre traité sur le coin d'une table.

Quel farceur! C'était à peine si je savais où la trouver, sa « Maison d'Or »! Mon frère seul m'encourageait un peu quand je rentrais désespéré chez nous.

Un soir pourtant je rapportai une grande nouvelle et une grande joie! Le *Spectateur*, un journal légitimiste, acceptait de mettre mes talents à l'épreuve en qualité de chroniqueur. On imagine facilement avec quel amour, avec quel soin j'écrivis ma première chronique ; même avec la préoccupation calligraphique du travail! Je la porte à la rédaction, on la lit, elle plaît, on envoie l'article à la composition. J'attends, respirant à peine, l'apparition du numéro. Allons, bon ! Paris est sens dessus dessous, des Italiens ont tiré sur l'empereur.

Nous sommes en pleine terreur, on poursuit des journaux, on a supprimé le *Spectateur !* La bombe d'Orsini avait foudroyé ma chronique.

Je ne me tuai pas, mais je songeai au suicide.

Et cependant le ciel prenait en pitié ma misère. L'éditeur, que j'avais vainement cherché, se trouvait tout-à-coup sous ma main, le libraire Tardieu, dans la rue de Tournon, à ma porte. Il était lui-même homme de lettres, et quelques-unes de ses œuvres avaient eu du succès : *Mignon*, *Pour une épingle*, compositions de l'ordre sentimental, écrites d'une encre couleur de rose. Je fis sa connaissance par hasard, un beau soir que je flânais près de notre hôtel et qu'il était venu s'asseoir sur le devant de son magasin. Il édita mes *Amoureuses*.

Le titre attirait, et l'extérieur élégant du volume. Quelques journaux parlèrent de mon ouvrage et de moi. Ma timidité s'envola. J'allais vaillamment sous les galeries de l'Odéon voir comment marchait la vente de mon livre... et même j'osai, au bout de quelques jours, adresser la parole à Jules Vallès ! J'avais paru.

VILLEMESSANT [1]

Je vais quelquefois — quand mon besoin personnel et le hasard de mes courses coïncident — me faire rogner la barbe ou tailler les cheveux chez Lespès. Un coin curieux et bien parisien, cette grande boutique de barbier, tenant tout l'angle de la maison Frascati, entre la rue Vivienne et le boulevard Montmartre! Comme clients, le *Tout Paris*,

1. Écrit en 1879.

c'est-à-dire cet infiniment petit morceau de Paris qui mène son train entre le Gymnase et l'Opéra, Notre-Dame-de-Lorette et la Bourse, et s'imagine exister seul : des coulissiers, des comédiens, des journalistes; sans compter la légion agitée, affairée, des bons boulevardiers qui ne font rien. Vingt ou trente garçons en permanence frisent et rasent tout cela.

Surveillant tout, l'œil aux rasoirs et aux pots de pommade, çà et là, rôde le patron, Lespès, petit homme alerte que la fortune faite (car il est très riche) aurait pu engraisser, mais que certaine ambition déçue entretient dans un état de fièvre convenable. C'est dans cette maison vraiment prédestinée, qu'il y a vingt ans, à l'entre-sol même où Lespès fait la barbe, le *Figaro* avait ses bureaux. Voici le couloir, les abonnements, la caisse et, derrière une grille en fil de fer, l'œil rond et le bec du père Legendre, toujours irrité, rarement aimable, comme un perroquet qui serait caissier. Voici la salle de rédaction (*Le public n'entre pas!* sur les vitres dépolies de la porte); quelques chaises, une grande table avec un immense tapis vert. Je vois encore tout cela distinctement et je me vois moi-même timide, assis dans un coin, serrant sous le bras mon premier article paternellement roulé et ficelé. Villemessant n'était pas rentré, on m'avait dit d'attendre : j'attendais.

Ils étaient ce jour-là une demi-douzaine autour de la table verte, en train de dépouiller des journaux, d'écrire. On riait, on causait, on grillait des cigarettes ; la cuisine infernale se faisait gaiement. Parmi eux, un petit homme à figure rouge, sous des cheveux tout blancs, relevés, qui lui donnaient un air de Riquet à la Houppe. C'était M. Paul d'Ivoy, le chroniqueur célèbre, enlevé au *Courrier de Paris* à prix d'or, Paul d'Ivoy, enfin, dont les appointements fabuleux (ils étaient fabuleux pour l'époque, mais le paraîtraient moins maintenant) faisaient l'envie et l'admiration des brasseries littéraires. Il écrivait en souriant comme un homme content de lui-même ; les carrés de papier allaient se noircissant sous sa plume ; moi, je regardais écrire et sourire M. Paul d'Ivoy.

Tout à coup un bruit de pas lourds, une voix joyeusement éraillée : Villemessant ! Les plumes grincent, les rires cessent, les cigarettes se dissimulent, Paul d'Ivoy seul relève la tête et, familièrement, ose contempler le

dieu. VILLEMESSANT : « Très bien, mes enfants, je vois qu'on est en train... (*A Paul d'Ivoy*, d'un air bon garçon) : Etes-vous content de votre chronique ? » — PAUL D'IVOY : « Je la crois réussie. » — VILLEMESSANT : « Allons, tant mieux ; ça se trouve parfaitement, comme ce sera votre dernière... » — PAUL D'IVOY (*tout pâle*) : « Ma dernière ? »

— Villemessant : « Parfaitement ! je ne plaisante pas... votre copie est assommante... il n'y a qu'un cri sur le boulevard... voilà assez

longtemps que vous nous embêtez. » Paul d'Ivoy s'était levé : « Mais, monsieur, notre traité ? — Notre traité ? elle est bien bonne ! Essayez de plaider, ce sera drôle : je

3.

donnerai lecture de vos articles en plein tribunal, et nous verrons s'il y a un traité qui me force à fourrer dans mon journal de pareilles niaiseries! » Villemessant était homme à faire comme il le disait, et Paul d'Ivoy ne plaida point. Mais c'est égal, cette façon de secouer sa rédaction par la fenêtre, comme un vieux tapis, me donna froid dans le dos, à moi naïf. J'aurais voulu être à cent pieds sous terre avec mon malheureux manuscrit ridiculement roulé. C'est une impression sur laquelle je n'ai jamais pu revenir. J'ai vu souvent Villemessant depuis, toujours il s'est montré fort aimable, et toujours j'ai ressenti en le voyant le frisson de désagréable terreur que dut ressentir le petit Poucet à sa rencontre avec l'ogre.

Ajoutons pour être juste que, plus tard, à la mort de ce même Paul d'Ivoy si brutalement exécuté, ce fut Villemessant — ogre doublé d'un saint Vincent de Paul — qui voulut se charger de la pension de ses enfants.

« Est-il bon? est-il méchant? » On est embarrassé pour répondre, et la comédie de Diderot semble écrite à son intention. Bon?

il l'est, certainement! Méchant aussi, suivant le jour et l'heure; et un peintre pourrait, sans mentir d'une ligne ni d'un ton, faire de lui deux portraits : l'un paterne, l'autre cruel; l'un tout en noir, l'autre tout en rose, qui ne se ressembleraient pas entre eux et pourtant ressembleraient au modèle.

A vouloir raconter sur cette singulière dualité les anecdotes caractéristiques, on n'aurait vraiment que l'embarras du choix.

Avant la guerre, j'avais fait la connaissance d'un brave homme, père de famille, employé au bureau central des postes, dans la rue Jean-Jacques Rousseau. Au moment de la Commune, cet homme resta à Paris. Avait-il au fin fond du cœur quelque faiblesse pour l'insurrection? Je n'en jurerais pas. S'était-il dit qu'après tout, les lettres continuant d'arriver à Paris, il fallait quelqu'un pour les classer, les distribuer? C'est possible encore. Peut-être aussi qu'avec une femme, de grandes filles, un déplacement subit ne lui était pas facile. Paris s'est trouvé à cette époque contenir pas mal de pauvres diables dans une situation pareille, barricadiers par la force des choses, insurgés sans savoir pourquoi. Toujours est-il que si, malgré les ordres de M. Thiers, mon ami resta à son

bureau, derrière sa grille, triant ses lettres au bruit de la bataille comme si de rien n'était, il ne voulut accepter de la Commune ni avancement, ni augmentation. La Commune vaincue, il ne s'en vit pas moins —

heureux d'échapper aux conseils de guerre — jeté sans ressources sur le pavé, destitué à la veille d'obtenir sa retraite. Dès lors une exis-

tence lamentable et comique commença pour lui. Il n'avait pas osé annoncer à sa famille son renvoi de l'administration ; tous les matins ses filles lui préparaient la chemise frais empesée (il faut qu'un employé soit propre!), lui faisaient soigneusement, joyeusement, comme autrefois, son nœud de cravate et l'embrassaient sur la porte, à l'heure réglementaire, s'imaginant qu'il allait à son bureau. Le bureau? Ah! il était loin, le bureau, frais l'été, bien chauffé l'hiver, où les heures coulaient si paisibles. Il fallait maintenant battre Paris, sous la pluie, à travers la neige, cherchant un emploi qu'on ne trouvait jamais, et rentrer le soir, la mort dans l'âme, mentir, inventer des histoires sur un sous-chef qui n'existait pas, sur un garçon de bureau fantastique, tout en se donnant un petit air gai. (Je me suis servi du pauvre homme pour le type du père Joyeuse dans mon roman du *Nabab;* en quête d'une place, lui aussi, mentant à ses filles.) Je le rencontrais quelquefois, c'était navrant. Sa détresse me décida à aller trouver Villemessant. Villemessant, pensais-je, lui trouvera bien un petit coin au *Figaro*, dans l'administration. Impossible : toutes les places étaient prises. Et puis un communard, pensez donc! le beau tapage si on avait découvert que Villemessant employait dans ses bureaux un communard! Pourtant, l'histoire des petites filles, des chemises blanches, des nœuds de cravate, avaient, paraît-il, attendri l'excellent ogre.

— Une idée! dit-il, combien gagnait par mois votre protégé?

— Deux cents francs.

— Eh bien! je vous remettrai pour lui deux cents francs par mois jusqu'à ce qu'il ait trouvé une place. Il aura toujours l'air d'aller à son bureau, ses filles lui feront toujours ses nœuds de cravate... — Et, pour conclusion à son discours, l'éternel : « Elle sera bien bonne ! »

Elle fut bien bonne en effet : trois mois durant, le bonhomme toucha sa petite rente. Au bout de trois mois, ayant trouvé enfin une place, il économisa tant et tant, et se serra si fort le ventre, qu'un beau matin il m'arriva avec les six cents francs et une belle lettre de remerciements pour M. de Villemessant, dont je lui avais révélé le nom, et que, malgré le dissentiment politique, il appelait noblement son bienfaiteur. Je portai le tout à Villemessant :

— Elle est bien bonne! Mais je l'avais donné, cet argent!.... il veut me le rendre.... C'est la première fois que ça m'arrive. Et un communard, encore, elle est bien bonne!

C'étaient des exclamations, des rires, un enthousiasme! Villemessant s'en renversait dans son fauteuil. Mais voici qui va achever de vous peindre l'homme : joyeux, ravi, et de la bonne action qu'il avait faite, et du plaisir bien naturel qu'on éprouve — si sceptique soit-on — à ne pas se sentir dupe et à ne pas avoir obligé un ingrat, Villemessant, tout en causant, s'amusait à manier les six cents francs et à les ranger en six petites piles sur la table. Tout à coup, se retournant vers moi :

— Eh! dites donc, Daudet, il manque cent sous à notre compte!

Il manquait cent sous en effet, une malheureuse piécette en or oubliée dans un pli de doublure. Au plus beau de l'enthousiasme, l'homme pratique apparaissait.

Tel est cet homme compliqué, très réfléchi, très malin au fond sous une apparence de bonhomie et de prime-saut, à faire croire que Toulouse est proche voisine de Blois et que les tourelles de Chambord se mirent dans un des bras de la Garonne.

Dans la vie privée et même publique, Villemessant a érigé la familiarité en principe, vis-à-vis des autres, bien entendu ! car il exige volontiers le respect dès qu'il s'agit de lui-même. Au lendemain d'un de ces échos au picrate qu'il avait coutume d'introduire dans le journal, au dernier moment, quand les presses roulent, Villemessant est mandé à la présidence du Corps législatif. (Ceci se passait sous l'Empire.) Il s'agissait, je ne crois pas me tromper, du fameux « Morny est dans l'affaire », dont les vieux boulevardiers doivent se souvenir. Le duc était très fâché ou feignait de l'être, mais le garçon de Blois ne se démonta point :

— Comment ! monsieur le duc, ce n'est donc pas pour me décorer que vous m'avez fait appeler ?... Ce garde de Paris avec son pli cacheté, son casque, peut se vanter de m'en avoir donné une d'émotion... mes rédacteurs illuminent déjà... Cette fois, par exemple, elle est bien bonne !... — Puis vite une histoire, une anecdote, un mot bien fin, bien parisien, enveloppé dans un gros rire; avec cela des airs pénétrés, une joie intime et visible de dire : « Monsieur le duc! » et le grief était oublié.

Ailleurs, chez Persigny, par exemple, la familiarité réussissait moins; et Villemessant vit certain jour, dans la froide atmosphère officielle, ses plus tourbillonnantes bouffonneries geler en l'air, et retomber raides. Mais Morny, lui, pardonnait tout; cet homme raffolait de Villemessant, et grâce à sa souveraine protection le *Figaro* pouvait se permettre mille frasques. Aussi, quel respect, quelle vénération pour le président : je vis le moment où on allait lui construire une petite chapelle dans l'épaisseur des murs du bureau de rédaction, comme au génie protecteur du lieu, comme à un dieu Lare. — Ce qui n'empêcha pas le *Figaro* de publier un matin, en belle place, à propos du théâtre de M. de Saint-Rémy, (c'est le pseudonyme que prenait le duc pour faire de la littérature), un article d'Henri Rochefort, corrodant comme une éprouvette d'acide, pénétrant et désagréable comme un cent d'aiguilles oublié sur un fauteuil.

— Pourquoi ce monsieur Rochefort m'en veut-il? Je ne lui ai jamais rien fait! disait le duc avec la vanité naïve à laquelle n'échappent point les plus délurés hommes d'État, quand ils ont trempé le doigt dans l'encre; et Villemessant, prenant des mines désolées, s'écriait:

— C'est épouvantable!... Avec moi, un pareil article n'aurait jamais passé... vous me voyez désolé... Mais, ce jour-là, précisément, je ne suis pas allé au journal... les gredins en ont profité... je n'ai pas revu les épreuves.

Le duc pensa ce qu'il voulut de l'excuse; mais le numéro faisait du bruit. On se le montrait, on se l'arrachait. Villemessant n'en désirait pas davantage.

Villemessant, on le voit d'après cela (et c'est ce qui fait au fond l'unité de cette nature en apparence diverse et contradictoire) est avant tout, par-dessus tout, l'homme de son journal. Après les tâtonnements du début, des bordées tirées çà et là un peu au hasard dans l'existence, des pointes poussées à tous les coins de la rose des vents, une fois la voie trouvée, il s'est fixé et a filé droit. Son journal est devenu sa vie.

L'homme et l'œuvre se ressemblent; et jamais personne, on peut le dire, ne fut plus exactement taillé à la mesure de son destin. D'une activité étonnante, vivant, remuant, déplaçant une quantité d'air énorme, sobre avec cela, comme on l'était jadis, ce qui étonne les gens d'aujourd'hui; ne buvant pas, ne fumant pas, ne craignant ni le bruit, ni les coups, ni les aventures; peu scrupuleux au fond, toujours prêt à jeter les préjugés par-dessus bord, et n'ayant jamais eu de foi politique bien profonde, mais aimant à faire parade d'un légitimisme assez platonique et d'un certain respect qu'il suppose bien portés, Villemessant était le capitaine qu'il fallait pour commander ce hardi corsaire qui, vingt ans durant, sous pavillon du Roy semé de fleurs de lys, a fait la course un peu pour son compte.

Il est tyrannique, capricieux; mais allez au fond, et toujours l'intérêt du journal vous donnera le pourquoi de sa tyrannie et de son caprice. Nous sommes en l'an de grâce 1858, au *Café des Variétés*, ou au *Café Véron*, sur les onze heures, un jeudi. Le *Figaro*

vient de paraître, Villemessant déjeune. Il cause, essaie des anecdotes qu'il mettra dans le prochain numéro, si elles font rire, qu'il oubliera si elles font four. Il écoute, interroge : — « Que pensez-vous de l'article d'un tel? — Charmant! — Du talent, n'est-ce pas? — Énormément de talent! » Villemessant monte au journal radieux : « Où est *un tel*? Faites-moi venir *un tel!*... énormément de talent!... il n'y a que lui!.., tout Paris parle de son article! » Et voilà *un tel* félicité, choyé, augmenté. Quatre jours après, à la même table, le même convive déclare l'article du même *un tel* ennuyeux, et Villemessant se dresse encore, non plus radieux, mais furieux, non plus pour l'augmenter, mais pour lui régler son compte. C'est sans doute à la suite d'une de ces consultations entre poire et fromage que se produisit la scène entre Villemessant et Paul d'Ivoy, qui scandalisa si fort ma candeur première.

Qu'importe un rédacteur à Villemessant! Celui-ci parti, un autre se retrouve; et le dernier venu est toujours le meilleur. Selon lui, tout homme a *son article dans le ventre*, il ne s'agit que de le faire sortir. Monselet avait brodé là-dessus une ravissante légende : Villemessant rencontre un ramoneur dans la rue; il l'amène au *Figaro*, le débarbouille,

l'assied devant du papier et lui dit : « Écris ! »
Le ramoneur écrit, et l'article se trouve
charmant. C'est ainsi que le Tout Paris,
illustre ou obscur, qui tient une plume, a
traversé le *Figaro*. C'est ainsi que de braves
garçons — voyant se renouveler en leur
faveur l'histoire du quatrain de Saint-Au-
laire, — ont eu, pour une heureuse trou-
vaille de quinze lignes, leur quart d'heure
de célébrité. Après, le miracle ne se renou-
velant plus, on les déclarait vidés, et vidés
par Villemessant. J'ai connu un Paris rempli ainsi de gens vidés. Époque de candeur
où l'on était vidé pour quinze lignes !

Non pas que Villemessant méprise la littérature, au contraire ! Peu lettré lui-même,
il a pour les gens qui écrivent bien, qui
tiennent leur langue (c'est son terme), un
respect de paysan pour le latin de son curé.
Mais il se rend compte instinctivement, et
non sans raison, que ce sont là choses de
gros livres et d'académie. A des galettes de
ce poids et de cette taille, il préfère pour sa
boutique le fin feuilleté parisien. Il disait un
jour à Jouvin devant moi, avec la cynique

franchise que sa rondeur fait pardonner :

— Vous soignez vos articles, ils sont d'un lettré, chacun le constate, remarquables, savants, admirablement écrits, je les publie. Eh bien ! dans mon journal, personne ne les lit.

— Personne ne les lit ? par exemple !

— Voulez-vous faire un pari ? Daudet est là et sera témoin. J'imprimerai le mot de Cambronne au beau milieu d'un de vos morceaux les plus soignés, et j'ai perdu si quelqu'un s'aperçoit de la chose !

Mon impartialité de témoin m'oblige à dire que Jouvin ne voulut pas parier.

PREMIER HABIT

Comment l'avais-je eu, cet habit? Quel tailleur des temps primitifs, quel inespéré Monsieur Dimanche, s'était, sur la foi de fantastiques promesses, décidé à me l'apporter un matin, tout flambant neuf, et artistement épinglé dans un carré de lustrine verte? Il me serait bien difficile de le dire. De l'honnête tailleur, je ne me rappelle rien — tant de tailleurs depuis ont traversé ma carrière! — rien, si ce n'est, dans un lumineux brouillard, un front pensif avec de grosses moustaches. L'habit, par exemple, est là, devant mes yeux. Son image, après vingt ans, reste encore gravée dans ma mémoire comme sur l'impérissable airain. Quel collet, jeunes gens, et quels revers ! Quels pans, surtout, taillés en bec de flûte ! Mon frère, homme d'expérience, avait dit : « — Il faut un habit quand on veut faire son chemin dans le monde ! » Et le cher ami comptait beaucoup sur cette défroque pour ma gloire et mon avenir.

C'est Augustine Brohan qui en eut l'étrenne, de ce premier habit. Voici dans quelles circonstances dignes de passer à la postérité :

Mon volume venait d'éclore, virginal et frais dans sa couverture rose. Quelques journaux avaient parlé de mes rimes. L'*Officiel* lui-même avait imprimé mon nom. J'étais poète, non plus en chambre, mais édité, lancé, s'étalant aux vitrines. Je m'étonnais que la foule ne se retournât pas lorsque mes dix-huit ans vaguaient par les rues. Je sentais positivement sur mon front la pression douce d'une couronne en papier faite d'articles découpés.

On me proposa un jour de me faire inviter aux soirées d'Augustine. — Qui, ON? — ON, parbleu! Vous le voyez d'ici : l'éternel ON qui ressemble à tout le monde, l'homme aimable, providentiel, qui, sans rien être par lui-même, sans être bien connu nulle part, va partout, vous conduit partout, ami d'un jour, ami d'une heure, dont personne ne sait le nom, un type essentiellement parisien.

Si j'acceptai, vous pouvez le croire! Être invité chez Augustine, Augustine, l'illustre comédienne, Augustine le rire aux dents blanches de Molière, avec quelque chose du sourire plus modernement poétique de Musset ; — car, si elle jouait les soubrettes au Théâtre-Français, Musset avait écrit sa comédie de *Louison* chez elle ; — Augustine Brohan, enfin, dont Paris célébrait l'esprit, citait les mots, et qui déjà portait au chapeau, non encore trempée dans l'encre, mais toute prête et taillée d'un fin canif, la plume d'oiseau bleu couleur du temps dont elle devait signer les *Lettres de Suzanne*.

— Chançard, me dit mon frère en m'aidant à passer l'habit, maintenant ta fortune est faite.

Neuf heures sonnaient, je partis.

Augustine Brohan habitait alors rue Lord-Byron, tout en haut des Champs-Élysées, un de ces coquets hôtels dont les pauvres petits provinciaux à l'imagination poétique rêvent d'après les romanciers.  Une grille, un jardinet, un perron de quatre marches sous une marquise, des fleurs plein l'antichambre, et tout de suite le salon, un salon vert très éclairé, que je revois si bien...

Comment je montai le perron, comment j'entrai, comment je me présentai, je l'ignore. Un domestique annonça mon nom, mais ce nom, bredouillé d'ailleurs, ne produisit aucun effet sur l'assemblée. Je me rappelle seulement une voix de femme qui disait :

Premier habit

« Tant mieux, un danseur ! » Il paraît qu'on en manquait. Quelle entrée pour un lyrique !

Terrifié, humilié, je me dissimulai dans la foule. Dire mon effarement !... Au bout d'un

instant, autre aventure : mes longs cheveux, mon œil boudeur et sombre provoquaient la curiosité publique. J'entendais chuchoter autour de moi : « — Qui est-ce ?... regardez donc... » et l'on riait. Enfin quelqu'un dit :

— C'est le prince valaque !

— Le prince valaque ?... ah ! oui, très bien...

Il faut croire que, ce soir-là, on attendait un prince valaque. J'étais classé, on me laissa tranquille. Mais c'est égal, vous ne sauriez croire combien, pendant toute la soirée, ma couronne usurpée me pesa. D'abord danseur, puis prince valaque. Ces gens-là ne voyaient donc pas ma lyre?

Heureusement pour moi, une nouvelle soudaine et colportée de bouche en bouche d'un bout à l'autre du salon vint faire oublier à la fois et le petit danseur et le prince valaque. Le mariage était alors fort à la mode parmi le personnel féminin de la comédie, et c'est aux mercredis d'Augustine Brohan, où se réunissait, autour des jolies sociétaires ou pensionnaires des Français, la fine fleur du journalisme officiel, de la banque et de la haute administration impériale, que s'ébauchaient la plupart de ces unions romanesques. Mlle Fix, la fine comédienne aux longs yeux hébraïques, allait épouser un grand financier et mourir en couches; Mlle Figeac, catholique et romanesque, rêvait déjà de faire bénir solennellement par un prêtre ses futurs magasins du boulevard Haussmann, comme on fait d'un vaisseau prêt à prendre la mer; Émilie Dubois, la blonde Émilie elle-même, bien que vouée par sa frêle beauté au rôle perpétuel d'ingénue, avait des visions de fleurs d'oranger sous le châle protecteur de madame sa mère; quant à Madeleine Brohan, la belle et majestueuse sœur d'Augustine, elle ne se mariait pas, elle! mais était en train de se démarier et de donner à Mario Uchard les loisirs et les matériaux pour écrire les quatre actes de la *Fiammina*. Aussi, quelle explosion dans ce milieu chargé d'électricité maritale, lorsque ce bruit se répandit : « Gustave Fould vient d'épouser Valérie. » Gustave Fould, le fils du ministre; Valérie, la charmante actrice!... Maintenant, tout cela est bien loin. Après des fuites en Angleterre, des lettres aux journaux, des brochures, une guerre à la Mirabeau contre un père aussi inexorable que *l'ami des hommes*, après le plus romanesque des romans couronné d'un dénouement des plus bourgeois, Gustave Fould, suivant l'exemple de Mario Uchard, a écrit la *Comtesse Romani* et mis éloquemment ses infortunes au théâtre, Mlle Valérie oublie son nom de Mme Fould pour signer du pseudonyme de Gustave Haller des volumes intitulés : *Vertu,* avec une belle image sur couverture bleu tendre. Grandes passions en train de s'apaiser dans un bain de littérature. Mais le scandale, l'émotion étaient ce soir-là dans le salon vert d'Augustine. Les hommes, les officiels, hochaient la tête et arrondissaient la bouche en O pour dire : « — C'est grave !... très grave ! » On entendait ces mots : « Tout s'en va... Plus de respect... L'empereur devrait intervenir... droits sacrés... autorité paternelle. » Les femmes, elles, prenaient hautement et gaiement le parti des deux amoureux qui venaient de filer à Londres. « — Tiens, s'ils se plaisent !... Pourquoi le père ne consent-il pas ?... Il est ministre, et puis après ?... Depuis la Révolution, Dieu merci, il n'y a plus ni Bastille, ni Fort-l'Évêque ! » Imaginez tout le monde parlant à la fois, et, sur le brouhaha, comme une broderie, le rire étincelant d'Augustine, petite, grasse, d'autant plus joyeuse, avec des yeux à fleur de tête, de jolis yeux myopes, étonnés et brillants.

Enfin l'émotion se calma et les quadrilles commencèrent. Je dansai, il le fallut! Je dansai même assez mal, pour un prince valaque. Le quadrille fini, je m'immobilisai, sottement bridé par ma myopie, trop peu hardi pour arborer le lorgnon, trop poète pour porter lunettes, et craignant toujours au moindre mouvement de me luxer le genou à l'angle d'un meuble ou de planter mon nez dans l'entre-deux d'un corsage. Bientôt la faim, la soif s'en mêlèrent; mais pour un empire je n'aurais osé m'approcher du buffet avec tout le monde. Je guettais le moment où il serait vide. En attendant, je me mêlai au groupe des politiqueurs, gardant un air grave, et feignant de dédaigner les félicités du petit salon d'où m'arrivait, avec un bruit de rires et de petites cuillers remuées dans la porcelaine, une fine odeur de thé fumant, de vins d'Espagne et de gâteaux. Enfin, quand on revient danser, je me décide. Me voilà entré, je suis seul...

Un éblouissement, ce buffet! c'était sous la flamme des bougies, avec ses verres, ses flacons, une pyramide en cristal, blanche, éblouissante, fraîche à la vue, de la neige au soleil. Je prends un verre, frêle comme une fleur ; j'ai bien soin de ne pas serrer par crainte d'en briser la tige. Que verser dedans ? Allons ! du courage, puisque personne ne me voit. J'atteins un flacon en tâtonnant, sans choisir. Ce doit être du kirsch, on dirait du diamant liquide. Va donc pour un petit verre de kirsch ; j'aime son parfum qui me fait rêver de grands bois, son parfum amer et un peu sauvage. Et me voilà versant goutte à goutte, en gourmet, la claire liqueur. Je hausse le verre, j'allonge les lèvres. Horreur !

De l'eau pure, quelle grimace ! Soudain retentit un double éclat de rire : un habit noir, une robe rose que je n'ai pas aperçus, en train de flirter dans un coin, et que ma méprise amuse. Je veux replacer le verre ; mais je suis troublé, ma main tremble, ma manche accroche je ne sais quoi. Un verre tombe, deux, trois verres ! Je me retourne, mes basques s'en mêlent, et la blanche pyramide roule par terre avec les scintillations, le bruit d'ouragan, les éclats sans nombre d'un iceberg qui s'écroulerait.

La maîtresse de maison accourt au va-

carme. Heureusement, elle est aussi myope que le prince valaque, et celui-ci peut s'évader du buffet sans être aperçu. C'est égal! ma soirée est gâtée. Ce massacre de petits verres et de carafons me pèse comme un crime.

Je ne songe plus qu'à m'en aller. Mais la maman Dubois, éblouie par ma principauté, s'accroche à moi, ne veut pas que je parte sans avoir fait danser sa fille, comment donc ! ses deux filles. Je m'excuse tant bien que mal, je m'échappe, je vais sortir, lorsqu'un grand vieux au sourire fin, tête d'évêque et de diplomate, m'arrête au passage. C'est le docteur Ricord, avec qui j'ai échangé quelques mots tout à l'heure et qui me croit Valaque, comme les autres. « Mais, prince, puisque vous habitez l'hôtel du Sénat et que nous sommes tout à fait voisins, attendez-moi. J'ai une place pour vous dans ma voiture. » Je voudrais bien, mais je suis venu sans pardessus. Que dirait Ricord d'un prince valaque privé de fourrures et grelottant dans son habit? Évadons-nous vite, rentrons à pied, par la neige, par le brouillard, plutôt que de laisser voir notre misère. Toujours myope et plus troublé que jamais, je gagne la porte et me glisse au dehors, non sans m'empêtrer dans les tentures. « Monsieur ne prend pas son pardessus? » me crie un valet de pied.

Me voilà, à deux heures du matin, loin de chez moi, lâché par les rues, affamé, gelé, et la queue du diable dans ma poche. Tout à coup la faim m'inspira, une illumination me vint : « Si j'allais aux halles ! » On m'avait souvent parlé des halles et d'un certain Gaidras, ouvert toute la nuit, chez lequel on mangeait pour trois sous des soupes aux choux succulentes. Parbleu, oui, j'irai aux halles. Je m'attablerai là comme un vagabond, un rôdeur de nuit. Mes fiertés sont passés. Le vent glace, j'ai l'estomac creux : « Mon royaume pour un cheval, » disait l'autre ; moi, je dis tout en trottinant : « Ma principauté, ma principauté valaque pour une bonne soupe dans un endroit chaud ! »

C'était un vrai bouge par l'aspect, cet établissement de Gaidras qui s'enfonçait poisseux et misérablement éclairé sous les piliers des vieilles halles. Bien souvent depuis, quand le noctambulisme était à la mode, nous avons passé là des nuits entières, entre futurs grands hommes, coudes sur la table, fumant et causant littérature. Mais la première fois, je l'avoue, je faillis reculer malgré ma faim, devant ces murs noirs, cette fumée, ces gens attablés, ronflant le dos au mur ou lapant leur soupe comme des

chiens, ces casquettes de don Juan du ruisseau, ces énormes feutres blancs des forts de la halle, et la blouse saine et rugueuse du maraîcher près des guenilles grasses du rôdeur de barrière. J'entrai pourtant, et je dois dire que, tout de suite, mon habit noir trouva de la compagnie. Ils ne sont pas rares à Paris, passé minuit, les habits noirs sans pardessus l'hiver, et qui

ont faim de trois sous de soupe aux choux! Soupe aux choux exquise d'ailleurs; odorante comme un jardin et fumante comme un cratère. J'en repris deux fois, quoique cette habitude, inspirée par une salutaire défiance, d'attacher fourchettes et cuillers à la table avec une chaînette, me gênât un peu. Je payai, et le cœur raffermi par cette solide pâtée, je repris la route du quartier latin.

On se figure ma rentrée, la rentrée du poète remontant au trot la rue de Tournon, le col de son habit relevé, voyant danser devant ses yeux, que la fatigue ensommeille, les ombres élégantes d'une soirée mondaine mêlées aux silhouettes affamées de la Halle, et cognant, pour en détacher la neige, ses bottines contre la borne de l'hôtel du Sénat, tandis qu'en face les lanternes blanches d'un coupé illuminent la façade d'un vieil hôtel, et que le cocher du docteur Ricord demande : « Porte, s'il vous plaît ! » La vie de Paris est faite de ces contrastes.

— Soirée perdue! me dit mon frère le lendemain matin. Tu as passé pour un prince valaque, et tu n'as pas lancé ton volume. Mais rien n'est encore désespéré. Tu te rattraperas à la visite de digestion. — La digestion d'un verre d'eau, quelle ironie! Il fallut bien deux mois pour me décider à cette visite. Un jour, pourtant, je pris mon parti. En dehors de ses mercredis officiels, Augustine Brohan donnait le dimanche des matinées plus intimes. Je m'y rendis résolument.

A Paris, une matinée qui se respecte ne saurait décemment commencer avant trois et même quatre heures de l'après-midi. Moi, naïf, prenant au sérieux ce mot de matinée, je me présentai à une heure précise, croyant d'ailleurs être en retard.

— Comme tu viens de bonne heure, monsieur, me dit un garçonnet de cinq ou six ans, blondin, en veston de velours et en pantalon brodé, qui se promenait à travers le jardin verdissant, sur un grand cheval mécanique. Ce jeune homme m'impressionna. Je saluai les cheveux blonds, le cheval, le velours, les broderies, et, trop timide pour rebrousser chemin, je montai. Madame achevant de s'habiller, je dus attendre, tout seul, une demi-heure. Enfin, madame arrive, cligne des yeux, reconnaît son prince valaque, et pour dire quelque chose, commence : « Vous n'êtes donc pas à la Marche, mon prince ? » A la Marche, moi qui n'avais jamais vu ni courses ni jockeys !

A la fin, cela me fit honte, une bouffée subite me monta du cœur au cerveau ; et puis ce clair soleil, ces odeurs de jardin au printemps entrant par la fenêtre ouverte, l'absence de solennité, cette petite femme souriante et bonne, mille choses me donnaient courage, et j'ouvris mon cœur, je dis tout, j'avouai tout en une fois : comme quoi je n'étais ni Valaque, ni prince, mais simple poète, et l'aventure de mon verre de kirsch, et mon souper aux halles, et mon lamentable retour, et mes peurs de province, et ma myopie, et mes espérances, tout cela relevé par l'accent de chez nous. Augustine Brohan riait comme une folle. Tout à coup, on sonne :

— Bon ! mes cuirassiers, dit-elle.

— Quels cuirassiers ?

— Deux cuirassiers qu'on m'envoie du camp de Châlons et qui ont, paraît-il, d'étonnantes dispositions pour jouer la comédie.

Je voulais partir.

— Non pas, restez ; nous allons répéter le *Lait d'ânesse*, et c'est vous qui serez le critique influent. Là, près de moi, sur ce divan !

Deux grands diables entrent, timides, sanglés, cramoisis (l'un d'eux, je crois bien, joue la comédie quelque part aujourd'hui). On dispose un paravent, je m'installe et la représentation commence.

— Ils ne vont pas trop mal, me disait Augustine Brohan à mi-voix, mais quelles bottes !... Monsieur le critique, flairez-vous les bottes ?

Cette intimité avec la plus spirituelle comédienne de Paris me ravissait au septième ciel. Je me renversais sur le divan, hochant la tête, souriant d'un air entendu. Mon habit en craquait de joie.

Le moindre de ces détails me paraît énorme encore aujourd'hui. Voyez pourtant ce que c'est que l'optique : j'avais raconté à Sarcey l'histoire comique de mes débuts dans le monde. Sarcey, un jour, la répéta à Augustine Brohan. Eh bien ! cette ingrate Augustine — que depuis trente ans je n'ai d'ailleurs pas revue — jura sincèrement ne connaître de moi que mes livres. Elle avait tout oublié! mais là, tout de ce qui a tenu tant de place dans ma vie, les verres cassés, le prince valaque, la répétition du *Lait d'ânesse*, et les bottes des cuirassiers!

Histoire de mes Livres

LE PETIT CHOSE

Aucun de mes livres n'a été écrit dans des conditions aussi capricieuses, aussi désordonnées que celui-ci. Ni plan ni notes, une improvisation forcenée sur de longues feuilles de papier d'emballage, rugueux, jaune, où bronchait ma plume en courant et que je jetais furieusement par terre, l'une après l'autre, sitôt noircies. Cela se passait à deux cents lieues de Paris, entre Beaucaire et Nîmes, dans un grand logis de campagne, désert, perdu, que des parents avaient mis obligeamment à ma disposition pour quelques mois d'hiver. J'étais venu là chercher les dernières scènes d'un drame dont le dénouement ne marchait pas:

mais la paix triste de ces grandes plaines, ces champs de mûriers, d'oliviers, de vignes ondulant jusqu'au Rhône, la mélancolie de cette retraite en pleine nature n'allaient guère avec les conventions d'une œuvre théâtrale.

Probablement aussi l'air du pays, le soleil fouetté de mistral, le voisinage de la ville où je suis né, ces noms de petits villages où je jouais tout gamin, Bezouces, Redes-

san, Jonquières, remuèrent en moi tout un monde de vieux souvenirs, et je laissai bientôt mon drame pour me mettre à une sorte d'autobiographie : *le Petit Chose, histoire d'un enfant.*

Commencé dans les premiers jours de février 1866, ce fougueux travail fut poussé d'une haleine jusqu'à la seconde quinzaine de mars. Nulle part, à aucune époque de ma vie, pas même quand un caprice de silence et d'isolement m'enfermait dans une chambre de phare, je n'ai vécu aussi complètement seul. La maison était loin de la route, dans les terres, écartée même de la ferme dépendante dont les bruits ne m'arrivaient pas. Deux fois par jour, la femme du *baïlo* (fermier) me servait mon repas, à un bout de la vaste salle à manger dont toutes les fenêtres, moins une, tenaient leurs volets clos. Cette Provençale, bègue, noire, le nez écrasé comme un Cafre, ne comprenant pas quelle étrange besogne m'avait amené à la campagne en plein hiver, gardait de moi une méfiance et une terreur, posait les plats à la hâte, se sauvait sans un mot, en évitant de retourner la tête. Et c'est le seul visage que j'aie vu pendant cette existence de stylite, distraite uniquement, vers le soir, par une promenade dans une allée de hauts platanes jetant leurs écorces à la plainte du vent, à la tristesse d'un soleil froid et rouge dont les grenouilles saluaient le coucher hâtif de leur discordantes clameurs.

Sitôt fini le brouillon de mon livre, je commençai tout de suite la seconde copie, la partie douloureuse du travail, contraire surtout à ma nature d'improvisateur, de *trouvère*; et je m'y acharnais de tout mon courage, quand un matin la voix de la *baïlesse* me héla violemment dans le patois local : *Moussu, moussu, vaqui un homo...* « Monsieur, monsieur, voilà un homme !... »

L'homme, c'était un Parisien, un journaliste appelé à quelque concours régional des environs et qui, me sachant par là, venait chercher de mes nouvelles. Il déjeune, on cause journaux, théâtres, boulevards; la fièvre de Paris me gagne, et, le soir, je partais avec mon intrus.

Ce brusque arrêt au milieu du travail, cet abandon de l'œuvre en pleine fonte, donne une idée exacte de ce qu'était ma vie de ce temps-là, ouverte à tout vent, n'ayant que des élans courts, des velléités au lieu de volontés, ne suivant jamais que son caprice et l'aveugle frénésie d'une jeunesse qui menaçait de ne point finir. Rentré à Paris, je laissai bien longtemps mon manuscrit achever de jaunir au fond d'un tiroir, ne trouvant pas dans mon existence morcelée le loisir d'une œuvre de longue haleine; mais l'hiver suivant, talonné quand même par l'idée de ce livre inachevé, je pris le parti violent de me soustraire aux distractions, aux invasions bruyantes qui faisaient, à cette époque, de mon logis sans défense un vrai campement tzigane, et j'allai m'installer chez un ami, dans la petite chambre que Jean Duboys occupait alors à l'entresol de l'hôtel Lassus, place de l'Odéon.

Jean Duboys, à qui ses pièces et ses romans donnaient quelque notoriété, était un bon être, doux, timide, au sourire d'enfant dans une barbe de Robinson, une barbe sauvage, hirsute, qui ne semblait pas appartenir à ce visage. Sa littérature manquait d'accent; mais j'aimais sa bienveillance, j'admirais le courage avec lequel il s'attelait à d'interminables romans, coupés d'avance par tranches régulières, et dont il écrivait chaque jour tant de mots, de lignes et de pages. Enfin il avait fait jouer à la Comédie-Française une grande pièce intitulée : *la Volonté*; et, bien que manifestée en vers exécrables, cette volonté m'imposait, à moi qui en manquais tellement. Aussi étais-je venu me serrer contre son auteur, espérant gagner le goût du travail au contact de ce producteur infatigable.

Le fait est que, pendant deux ou trois mois, je piochai ferme, à une petite table voisine de la sienne, dans le jour d'une fenêtre cintrée et basse qui encadrait l'Odéon et son portique, la place déserte, toute luisante de verglas. De temps en temps Duboys, qui travaillait à je ne sais quelle grande machine à surprises, s'interrompait pour me raconter les combinaisons de son roman ou me développer ses théories sur « le mouvement cylindrique de l'humanité ». Il y avait en effet chez ce méthodique et doux bureaucrate des tendances de visionnaire, d'illuminé, comme il y avait dans sa bibliothèque un rayon réservé à la cabale, à la magie noire, aux plus bizarres élucubrations. Dans la suite, cette fêlure de son cerveau s'agrandit, laissant la démence entrer; et le pauvre Jean Duboys mourut fou à la fin du siège, sans avoir terminé son grand poème philosophique « Enceldonne », où toute l'humanité devait évoluer sur son cylindre. Mais qui se fût douté alors de la triste destinée de cet excellent garçon, tranquille, raisonnable, que je regardais avec envie noircissant de sa fine écriture régulière les innombrables pages d'un roman de petit journal et s'assurant, les yeux à la pendule d'heure en heure, s'il avait bien fait toute sa tâche ?

Il gelait dur, cet hiver-là, et, malgré les pannerées de charbon englouties dans la grille, nous voyions, par ces veilles laborieuses indéfiniment prolongées, le givre dessiner sur la vitre un voile aux fantastiques arabesques. Dehors, des ombres frileuses erraient dans la brume opaque de la place; c'était la sortie de l'Odéon, ou la jeunesse qui remontait vers Bullier en poussant des cris pour s'allumer. Les soirs de bal masqué, l'étroit escalier de l'hôtel s'ébranlait sous des dégringolades effrénées où sonnaient chaque fois les grelots d'un bonnet de folie. Le même bonnet de folie battait au retour, bien avant dans la nuit, son train de carnaval ; et souvent, quand les garçons de l'hôtel dormaient trop fort, tardaient à ouvrir, je l'entendais secouer ses grelots devant la porte, en des mouvements découragés, diminués, qui me faisaient songer à la *barrique d'Amontillado* d'Edgard Poë, au malheureux emmuré, las de supplier, de crier, ne trahissant plus sa présence que par les convulsions dernières de son bonnet. J'ai gardé un souvenir charmant de ces nuits d'hiver pendant lesquelles fut écrite la première partie du *Petit Chose*. La seconde partie ne suivit que bien plus tard. Entre les deux se place un événement fort inattendu pour moi, sérieux et décisif : je me mariai. Comment cela advint-il ? Par quel sortilège l'endiablé Tzigane que j'étais alors se trouva-t-il pris, envoûté ? Quel charme sut fixer l'éternel caprice ?

Pendant des mois, le manuscrit fut encore abandonné, oublié au fond des malles du voyage de noces, étalé sur des tables d'hôtel devant un encrier aride et une plume sèche. Il faisait si bon sous les pins de l'Estérel, si bon pêcher des oursins vers les roches de Pormieu ! Ensuite l'installation du petit ménage, la nouveauté de cette existence intime, le nid à faire et à parer, que de prétextes pour ne pas travailler !

C'est seulement l'été venu, sous les ombrages du château de Vigneux, dont on voit la toiture italienne et les hautes futaies se dérouler dans la plaine de Villeneuve-Saint-Georges, que je me remis à mon interminable roman. Six mois délicieux, loin de Paris alors bouleversé par cette exposition de 1867 que je ne voulus pas même aller voir.

J'écrivais *le Petit Chose*, tantôt sur un banc moussu au fond du parc, troublé par des bonds de lapins, des glissements de couleuvres dans les bruyères, ou bien en bateau sur l'étang qui s'irisait de toutes les teintes de l'heure dans un ciel d'été, et encore, les jours de pluie, dans notre chambre où ma femme me jouait du Chopin que je ne peux plus entendre sans me figurer l'égouttement de la pluie sur les houles vertes des charmilles, les cris rauques des paons, les clameurs de la faisanderie, parmi des odeurs de fleurs d'arbres et de bois mouillé. A l'automne, le livre, enfin terminé, parut en feuilleton au *Petit Moniteur* de Paul Dalloz, fut publié à la librairie Hetzel et eut quelque succès, malgré tout ce qui lui manque.

J'ai dit de quelle façon cette première œuvre de longue haleine avait été entreprise, sans réflexion, comme à la volée; mais son plus grand défaut fut encore d'être écrite avant l'heure. On n'est pas mûr, à vingt-cinq ans, pour revoir et annoter sa vie. Et le *Petit Chose*, surtout dans la première partie, n'est en somme que cela, un écho de mon enfance et de ma jeunesse.

Plus tard, j'aurais moins craint de m'arrêter aux enfantillages du début et donné plus de développement à ces lointains souvenirs où sont nos impressions initiatrices, si vives, si profondes, que tout ce qui vient ensuite les renouvelle sans les dépasser. Dans le mouvement agrandi de l'existence, le flux des jours et des années, les faits se perdent, s'effacent, disparaissent, mais ce passé reste debout, lumineux, baigné d'aube. On pourra oublier une date récente, un visage vu d'hier; on se rappelle toujours le dessin du papier de tenture dans la chambre où l'on couchait enfant, un nom, un refrain du temps où l'on ne savait pas lire. Et comme la mémoire va loin dans ces retours en arrière, franchissant des années vides, des lacunes ainsi que dans les rêves! J'ai, par exemple, un souvenir de mes trois ans, un feu d'artifice à Nîmes pour quelque Saint-Louis, et que je vis porté à bras tout en haut d'une colline chargée de pins. Les moindres détails m'en sont restés présents, le murmure des arbres au vent de nuit, — sans doute ma première nuit dehors, — l'extase bruyante de la foule, les «ah!..» montant, éclatant, s'étalant avec les fusées et les soleils dont le reflet éclairait d'une pâleur fantômale les visages autour de moi.

Je me vois, à peu près vers le même temps, monté sur une chaise devant le tableau noir d'une classe des Frères, et traçant mes lettres à la craie, tout fier de mon savoir précoce. Et la mémoire des sens, ces sons, ces odeurs qui vous arrivent du passé comme d'un autre monde, sans qu'il y ait trace d'événement ou d'émotion quelconque!

Tout au fond de la fabrique où le Petit Chose a passé son enfance, près de bâtiments abandonnés dont un vent de solitude faisait battre les portes, il y avait de hauts lauriers-roses, en pleine terre, répandant un bouquet amer qui me hante encore après quarante ans. Je voudrais un peu plus de ce bouquet aux premières pages de mon livre.

Trop écourtés aussi les chapitres sur Lyon où j'ai laissé se perdre bien des sensations vives et précieuses. Non pas que mes yeux d'enfant aient pu saisir l'originalité, la grandeur de cette ville industrielle et mystique, avec le brouillard permanent qui monte de ses fleuves et pénètre ses murs, sa race, répand une vague mélancolie germanique jusque dans les productions de ses écrivains et de ses artistes : Ballanche, Flandrin, de Laprade, Chenavard, Puvis de Chavannes. Mais si la personnalité morale du pays m'échappait, l'énorme ruche ouvrière de la Croix-Rousse bourdonnant de ses cent mille métiers, et, sur la colline en face, Fourvières carillonnant, processionnant entre les étroites ruelles de sa montée, bordées d'imageries religieuses, d'échoppes à reliques, m'ont laissé d'ineffaçables souvenirs dont la place était toute marquée dans le *Petit Chose*.

Ce que j'y trouve assez fidèlement noté, c'est l'ennui, l'exil, la détresse d'une famille méridionale perdue dans la brume lyonnaise, ce changement d'une province à une autre, climat, mœurs, langage, cette distance morale que les facilités de communication ne suppriment pas. J'avais dix ans, alors, et déjà tourmenté du désir de sortir de moi-même, de m'incarner en d'autres êtres dans une manie commençante d'observation, d'annotation humaine, ma grande distraction pendant mes promenades était de choisir un passant, de le suivre à travers Lyon, au cours de ses flâneries ou de ses affaires, pour essayer de m'identifier à sa vie, d'en comprendre les préoccupations intimes.

Un jour, pourtant, que j'avais escorté de la sorte une fort belle dame de toilette éblouissante, jusqu'à une maison basse aux persiennes closes, au rez-de-chaussée occupé par un café où chantaient des voix rauques et des harpes, mes parents, à qui je faisais part de ma surprise, m'interdirent de continuer mes études errantes et mes observations sur le vif.

Mais comment ai-je pu, tandis que je notais les étapes de mon adolescence, ne pas dire un mot des crises religieuses qui entre dix ou douze ans secouèrent cruellement le Petit Chose, de ses révoltes contre l'absurde et le mystère auxquels il fallait croire, révoltes suivies de remords, de désespoirs qui prosternaient l'enfant en des coins d'église déserte où, furtivement, il se glissait, honteux et tremblant d'être vu? Comment surtout ai-je laissé à l'apparence du petit homme cette douceur, cette bonne tenue, sans parler de la diabolique existence où il s'emporta brusquement vers sa treizième année dans un besoin éperdu de vivre, de se dépenser, de s'arracher aux tristesses racornies, aux larmes qui étouffaient l'intérieur de ses parents de jour en jour plus assombri par la ruine. Une effervescence de tempérament méridional et d'imagination trop comprimée. L'enfant délicat et timide se transformait alors, hardi, violent, prêt à toutes les folies. Il manquait la classe, passait ses journées sur l'eau, dans l'encombrement des *mouches*, des chalands, des remorqueurs, ramait sous la pluie, la pipe aux dents, un flacon d'absinthe ou d'eau-de-vie dans sa poche, échappait à mille morts, aux roues d'un vapeur, à l'abordage d'un bateau à charbon, au courant qui le jetait contre les piles d'un pont ou sous un câble de halage, noyé, repêché, le front fendu, taloché par les mariniers qu'exaspérait la maladresse de ce mioche trop faible pour ses rames; et dans ces fatigues, ces coups, ces dangers, il sentait une joie farouche, un élargissement de son être et du sombre horizon.

Quelques *Contes du Lundi* ont donné plus

tard l'esquisse de ce temps troublé; mais combien cela aurait pris plus de valeur dans l'*Histoire d'un enfant*.

Il y avait déjà chez cet enragé Petit Chose une faculté singulière qu'il n'a jamais perdue depuis, un don de se voir, de se juger, de se prendre en flagrant délit de tout, comme s'il eût marché toujours accompagné d'un surveillant féroce et redoutable. Non pas ce qu'on appelle la conscience ; car la conscience prêche, gronde, se mêle à nos actes, les modifie ou les arrête. Et puis on l'endort, cette bonne conscience, avec de faciles excuses ou des subterfuges, tandis que le témoin dont je parle ne faiblissait jamais, ne se mêlait de rien, surveillait. C'était comme un regard intérieur, impassible et fixe, un *double* inerte et froid qui dans les plus violentes bordées du Petit Chose observait tout, prenait des notes et disait le lendemain : « A nous deux ! » Lisez le chapitre intitulé « Il est mort ! Priez pour lui ! » une page de ma vie absolument vraie. C'est bien ainsi que la mort de mon frère aîné nous fut apprise, et j'ai encore dans les oreilles le cri du pauvre père devinant que son fils venait de mourir ; si navrant, si poignant, ce premier grand cri de douleur humaine tout près de moi, que toute la nuit, en pleurant, en me désespérant, je me surprenais à répéter : « Il est mort... » avec l'intonation paternelle. Par là me fut révélée l'existence de mon *double*, de l'implacable témoin qui, au milieu de notre deuil, avait retenu, comme au théâtre, la justesse d'un cri de mort, et l'essayait sur mes lèvres désolées. Je regrette, en relisant mon livre, de n'y rien trouver de ces aveux, surtout dans la première partie où le personnage de Daniel Eyssette me ressemble tellement.

Oui, c'est bien moi, ce Petit Chose obligé de gagner sa vie à seize ans dans cet horrible métier de pion, et l'exerçant au fond d'une province, d'un pays de hauts fourneaux qui nous envoyait de grossiers petits montagnards m'insultant dans leur patois cévenol, brutal et dur. Livré à toutes les persécutions de ces monstres, entouré de cagots et de cuistres qui me méprisaient, j'ai subi là les basses humiliations du pauvre.

Pas d'autre sympathie, dans cette geôle douloureuse, que celle du prêtre que j'ai appelé l'abbé Germane et de l'affreux « Bamban » dont la cocasse petite figure, toujours barbouillée d'encre et de boue, se lève vers moi tristement pendant que j'écris ceci.

Je me rappelle un autre de mes « petits », nature fine, choisie, auquel je m'étais attaché, que je faisais travailler tout particulièrement, pour l'unique plaisir de voir se développer cette petite intelligence comme un bourgeon au printemps. Très touché de mes soins, l'enfant m'avait fait promettre de passer mes vacances chez lui, à la campagne. Ses parents seraient si heureux de me connaître, de me remercier. Et, en effet, le jour des prix, après de grands succès qu'il me devait un peu, mon élève vint me prendre par la main et m'amena gentiment vers les siens, père, mère, sœurs élégantes, tous occupés à faire charger les prix sur un grand break de promenade. Je devais avoir une triste tournure dans mes habits râpés, quelque chose qui déplut; car la famille me regarda à peine, et le pauvre petit s'en alla, les yeux gros, tout honteux de sa déception et de la mienne. Minutes humiliantes et cruelles qui fanent, déshonorent la vie! J'en tremblais de rage dans ma petite chambre sous les toits, tandis que la voiture emportait l'enfant chargé de couronnes et les épais bourgeois qui m'avaient si lâchement blessé.

Longtemps après ma sortie de ce bagne d'Alais, il m'arrivait souvent de me réveiller au milieu de la nuit, ruisselant de larmes ; je rêvais que j'étais encore pion et martyr. Par bonheur, cette dure entrée dans la vie ne m'a pas rendu méchant ; et je ne maudis pas trop ce temps misérable qui m'a fait supporter légèrement les épreuves de mon noviciat littéraire et les premières années de Paris. Elles ont été rudes, ces années, et l'histoire du Petit Chose n'en donne aucune idée.

Du reste, il n'y a guère de réel dans cette seconde partie que mon arrivée sans souliers, mes bas bleus et mes caoutchoucs ; puis l'accueil fraternel, le dévoûment ingénieux de cette mère Jacques, Ernest Daudet de son vrai nom, qui est la figure rayonnante de mon enfance et de ma jeunesse. A part mon frère, tous les autres personnages sont de pure imagination.

Les modèles ne me manquaient pas, pourtant, et des plus intéressants, des plus rares, mais, comme je le disais tout à l'heure, j'ai écrit ce livre trop jeune. Toute une partie de mon existence était trop près de moi, je manquais de recul pour la voir et, n'y voyant pas, j'ai inventé. Ainsi le Petit Chose n'a jamais été comédien ; il n'a jamais même pu dire un seul mot en public. Le commerce de la porcelaine lui est également inconnu. Pierrotte et les yeux noirs, la dame du premier, sa négresse Coucou-blanc, faits de chic, comme disent les peintres ; et il leur manque bien le relief, la vraie articulation de la vie. De même pour les silhouettes littéraires où l'on a cru voir des personnalités blessantes auxquelles je n'ai jamais songé.

A signaler pourtant, parmi les réalités de mon livre, la chambre sous les toits, contre le clocher de Saint-Germain-des-Prés, dans une maison maintenant démolie qui laisse mon regard vide chaque fois que je cherche en passant la place de tant de folies, de misères, de belles veillées de travail ou de morne solitude désespérée.

LES SALONS LITTÉRAIRES[1]

Je ne crois pas qu'il en reste un seul aujourd'hui. Nous avons d'autres salons, plus dans le mouvement, comme on dit : des salons politiques, ceux de Mme Edmond Adam, de Mme d'Haussonville, tout blancs ou tout rouges, où l'on fait des préfets, où l'on défait des ministres, où dans les grands jours parfois apparaissent MM. les princes ou Gam-

1. Écrit en 1879 pour le *Nouveau-Temps*, de Saint-Pétersbourg.

betta. Puis les salons où l'on s'amuse — pour ne pas dire où l'on essaie de s'amuser. Souvenirs et regrets ! on y soupe, on y joue, on y renouvelle Compiègne tant qu'on peut : jolies serres, fragile abri sous le cristal duquel s'épanouit dans tout son éclat puéril la fleur sans parfum de la vie purement extérieure et mondaine. Mais le vrai salon littéraire, le salon où, autour d'une Muse avenante et mûre, des gens de lettres ou se croyant tels s'assemblent une fois par semaine pour dire de petits vers, en trempant de petits gâteaux secs dans un petit thé, ce salon, par exemple, a bien définitivement disparu. Sans être vieux, j'en ai encore connu quelques-uns de ces bleus salons d'Arthénice, relégués aujourd'hui en province, plus démodés que la guitare, le vague à l'âme et les quatrains d'album.

Soufflons sur nos souvenirs d'il y a vingt ans. *Pft! pft! pft!* La poussière s'élève en fin nuage, et dans ce nuage, distinctement, comme pour une apparition de fée, se dessine et prend corps l'aimable silhouette de cette bonne Mme Ancelot. Mme Ancelot habitait alors la rue Saint-Guillaume, courte rue de province, oubliée par Haussmann au cœur de Paris, où l'herbe pousse entre les pavés, où jamais ne retentit un roulement de voiture, où de hautes maisons, trop hautes pour leurs trois étages, ne laissent tomber qu'un jour lointain et froid. Le vieil hôtel silencieux, avec les volets de ses balcons toujours clos, sa grande porte jamais ouverte, avait l'air endormi depuis des siècles sous la baguette d'un enchanteur. Et l'intérieur répondait aux promesses de la façade : un corridor tout blanc, un escalier sombre et sonore, de hauts plafonds, de larges fenêtres surmontées de peintures en trumeau. Cela fané, pâlissant, ayant l'air vraiment de ne plus vivre, et au milieu, bien dans son cadre, Mme Ancelot tout en blanc, rondelette et ridée comme une petite pomme rose, telle enfin qu'on se figure les fées des contes, qui ne peuvent mourir, mais qui vieillissent pendant des mille ans. Mme Ancelot aimait les oiseaux, toujours comme les bonnes fées. Autour du salon, couvrant les murs, s'entassaient des cages gazouillantes comme à la devanture des oiseliers du quai. Mais ces oiseaux eux-mêmes paraissaient chanter des vieux airs. — A la place d'honneur, sous un beau jour et bien en vue, s'inclinait à l'angle voulu un grand portrait du baron

Gérard, représentant la Muse du logis coiffée à l'enfant, en costume à la mode de la Restauration, souriant du sourire d'alors, et posée de trois quarts pour mieux montrer, dans un geste de fuite à la Galathée, un bout d'épaule merveilleusement blanc et rond. Quarante ans après le portrait, au moment dont nous parlons, Mme Ancelot se décolletait encore, seulement, il faut bien le dire, ce n'étaient plus les blanches et rondes épaules peintes jadis par le baron Gérard. Mais qu'importe à la bonne dame ? Elle s'imagine encore en 1858 être la belle Mme Ancelot de l'an 1823, quand Paris

applaudissait sa jolie pièce de *Marie ou les trois époques*. Rien d'ailleurs ne vient l'avertir; tout se fane et vieillit autour d'elle, en même temps qu'elle : les roses des tapis, les rubans des tentures, les êtres et les souvenirs ; et tandis que le siècle avance, cette vie arrêtée, cet intérieur d'un autre âge, immobiles comme un bateau à l'ancre, s'enfoncent silencieusement dans le passé.

Un simple mot romprait le charme. Mais qui le prononcera ce mot sacrilège, qui osera dire : « Nous vieillissons! » Les habitués moins que d'autres, car eux aussi sont de l'époque, eux aussi s'imaginent ne pas vieillir. Voici M. Patin, l'illustre M. Patin, professeur en Sorbonne, faisant le jeune homme là, près de la fenêtre, dans le coin de gauche. C'est un petit homme tout blanc, mais si galamment frisotté, et frétillant avec discrétion comme il convient à un universitaire du premier empire. Puis Viennet, le fabuliste voltairien, long et sec comme le héron de ses maigres fables. Le dieu du salon, dieu entouré, admiré, choyé, était Alfred de Vigny, grand poète, mais poète d'une autre époque, — singulier et suranné avec son air d'archange et ses cheveux blancs éplorés, trop longs pour sa petite taille. Alfred de Vigny en mourant légua à Mme Ancelot sa perruche. La perruche prit place au milieu du salon, sur un perchoir verni. Les vieux habitués la bourraient de friandises; c'était la perruche de Vigny!

Quelques railleurs l'avaient surnommée Éloa, à cause de son grand nez et de son œil mystique. Mais ceci est postérieur; à l'époque où je fus présenté chez Mme Ancelot, le poète vivait encore, et la perruche ne mêlait pas son petit cri vieillot et grêle au formidable gazouillis qui, par manière de protestation, j'imagine, s'élevait de toutes les cages, quand M. Viennet essayait de dire quelques vers.

Parfois, le salon se rajeunissait. On y voyait ces jours-là Lachaud, le célèbre avocat, avec la fille de Mme Ancelot qu'il avait épousée : elle, un peu triste, lui gras et glabre avec une belle tête de Romain, de jurisprudent du Bas-Empire. Des poètes : Octave Lacroix, l'auteur de la *Chanson d'avril*, de *l'Amour et son train*, joué au Théâtre-Français; il m'impressionnait fort, quoique assez bénin d'apparence, étant secrétaire de Sainte-Beuve. Emmanuel des Essarts venait là amené par son père, écrivain distingué, bibliothécaire à Sainte-Geneviève. Emmanuel des Essarts était alors un tout jeune homme, débutant à peine, et portant encore, autant qu'il m'en souvient, la palme verte des normaliens à sa boutonnière. Il occupe maintenant la chaire de littérature à la Faculté de Clermont, ce qui ne l'empêche pas, bon an

mal an, de publier un ou deux volumes où sont de beaux vers. Charmant professeur, comme vous voyez, avec un brin de myrte à la toque. — Puis des dames, des dames poètes comme Mme Anaïs Ségalas et, de temps en temps, une jeune Muse nouvellement découverte, à l'œil plein d'azur, aux boucles d'or fin, dans l'attitude un peu démodée des Delphine Gay et des Élisa Mercœur. Ainsi apparut un beau jour la blonde Jenny Sabatier, de son vrai nom Tirecuir,

ce qui est bien prosaïque pour une Muse. Moi aussi, on me demandait des vers comme aux autres, mais il paraît que j'étais timide et que ma voix s'en ressentait. — « Plus haut! me disait toujours Mme Ancelot, plus haut, M. de La Rochejacquelein n'entend pas! » Ils étaient comme cela une demi-douzaine, d'une surdité de pots étrusques, n'entendant jamais, l'air attentif pourtant et la main gauche arrondie en cornet autour de l'oreille. Gustave Nadaud, lui, se faisait entendre. Trapu, le nez en l'air, la face large, épanouie, affectant une rusticité bonhomme qui avait son piquant dans ce milieu endormi, l'auteur des *Deux gendarmes* se mettait au piano, chantait fort, tapait dur, réveillait tout. Aussi quel succès! Nous en étions tous jaloux. — Quelquefois encore, une comédienne ambitieuse de se lancer venait réciter quelques vers. Encore une tradition de la maison : Rachel avait récité des stances dans le salon de Mme Ancelot; un tableau placé près de la cheminée attestait le fait. On continuait donc à réciter des stances, seulement ce n'était plus Rachel. Ce tableau n'était pas le seul; on en découvrait dans tous les coins, tous de la main de Mme Ancelot, qui ne dédaignait pas de manier le pinceau à ses heures, et tous consacrés à son salon, destinés à perpétuer le souvenir de quelque grand événement de ce monde minuscule. Les curieux pourront en trouver les reproductions (faites, ô ironie! par E. Benassit, le plus cruellement sceptique des peintres) dans une manière d'autobiographie : *Mon salon*, par Mme Ancelot, chez Dentu. Chaque fidèle a là-dedans sa figurine, et je crois que la mienne s'y trouve, un peu dans le fond.

Ce personnel quelque peu hétérogène se réunissait ainsi chaque mardi rue Saint-Guillaume. On arrivait tard, et voici pourquoi : Rue du Cherche-Midi, à deux pas, planté là tout exprès comme une protestation permanente, existait un salon rival, le salon de Mme Mélanie Waldor. Les deux Muses avaient été autrefois liées; Mme Ancelot avait même un peu lancé Mélanie. Puis un jour, Mélanie s'était dégagée, avait dressé autel contre autel : l'aventure de Mme du Deffand avec Mlle de Lespinasse. Mélanie Waldor écrivait; on a connu d'elle des romans, des vers, une pièce : *la Tirelire de Jeannette*! Alfred de Musset, dans un jour de cruelle humeur, a fait sur elle des vers terribles et superbes, mélange pimenté d'Arétin et de Juvénal, qui porteront à défaut de mieux le nom de la Muse à la postérité, sur les ailes des publications clandestines. Qu'avait donc fait Mme Waldor à l'enfant terrible? Je me la rappelle bien, tout en velours, avec des cheveux noirs, des cheveux de corbeau centenaire qui s'obstine à ne pas blanchir, déroulée sur son divan, défaillante et alanguie, avec des attitudes de cœur brisé. Mais l'œil s'allumait, la bouche devenait vipère aussitôt que l'on parlait d'*Elle*. Elle ! c'est-à-dire l'autre, l'ennemie, la bonne vieille Mme Ancelot. C'était entre les deux une guerre à mort. Mme Waldor avait exprès choisi le même jour, et sur les onze heures, quand on voulait s'esquiver pour sauter en face, de froids regards vous clouaient à la porte. Il fallait rester, jouer de la langue, blasonner le père Ancelot, s'exercer à de petites anecdotes scandaleuses. En face, on se rattrapait en racontant sur l'influence politique de Mme Waldor mille légendes mystérieuses.

Que de temps perdu, que d'heures gaspillées à ces petits riens venimeux ou niais, dans cette atmosphère de petits vers moisis et de petites calomnies sentant le rance, sur ces Parnasses en carton où aucune source ne court, où aucun oiseau ne chante, où le laurier poétique a la couleur du rond de cuir vert d'un chef de bureau! Et dire que je les ai gravis, moi aussi, ces parnasses! Il faut tout voir dans sa jeunesse! Cela dura tant que dura mon habit.

Pauvre cher habit, quels étroits corridors n'a-t-il pas à cette époque frôlés de ses pans, quelles rampes d'escalier n'a-t-il pas fait reluire de ses manches? Je me souviens l'avoir promené encore dans le salon de Mme la comtesse Chodsko. La comtesse avait pour mari un bon vieux savant qu'on voyait peu et qui ne comptait guère. Elle avait dû être fort belle; c'était maintenant une grande femme droite et sèche, à l'air dominateur et presque méchant. Murger, disait-on, très impressionné d'elle, l'avait peinte dans sa *Madame Olympe*. Murger, en effet, avait un moment entrepris un voyage dans le grand monde, et c'est ce grand monde-là que, naïvement, il avait découvert. Grand monde logé vraiment à l'étroit et un peu trop haut, rue de Tournon, au troisième, dans trois petites pièces froides et pauvres dont les fenêtres donnaient sur la cour. On y venait cependant et la société n'y était point vulgaire. — Je con-

nus là, pour la première fois, Philarète Charles, génie inquiet, plume nerveuse, de la race des Saint-Simon et des Michelet, dont les étonnants *Mémoires*, batailleurs, endiablés, faits d'attaques et de parades, et comme remplis, du premier chapitre au dernier, d'un bruit continu de fleurets engagés et d'épées froissées, paraissent aujourd'hui et passent presque inaperçus au milieu d'un Paris vraiment trop indifférent à tout ce qui n'est pas peinture ou politique. Foncièrement homme de lettres, mais toute sa vie tourmenté comme Balzac par des appétits de large existence et de dandysme, il vécut bibliothécaire à la porte même de l'Académie qui, on ne sait pourquoi, ne voulut jamais de lui, et mourut du choléra à Venise.

J'y rencontrai aussi Pierre Véron, Philibert Audebrand, et un couple curieux, très curieux à la fois et très sympathique, que je vous demande la permission de vous montrer. Nous sommes dans le salon, asseyons-nous et regardons : la porte s'ouvre, entrent Philoxène Boyer et sa femme.

Philoxène Boyer! encore un de ces fils étranges, terreur et châtiment des familles, productions de hasard qu'aucun atavisme n'explique, graines apportées on ne sait d'où, sur l'aile des vents, par-dessus les mers, et qui un beau jour avec leur feuillage, exotiquement découpé, et leurs fleurs d'une violence de couleur bizarre, viennent s'épanouir en plein carré de choux, en plein potager bourgeois! Fils de Boyer, l'homme de France qui, en son temps, savait le plus de grec: né entre deux pages d'un lexique, n'ayant, tout enfant, connu en fait de promenade et de jardin que le docte jardin des racines grecques, nourri de grec, huilé de grec, Philoxène avec son nom grec semblait positivement destiné à se voir inscrit sur le marbre, à côté des Egger et des Estienne, dans le panthéon des hellénisants. Mais le père Boyer comptait sans Balzac. Philoxène, comme tous les écoliers d'alors, avait Balzac dans son pupitre; si bien qu'ayant hérité cent mille francs de sa mère, il n'eut rien de plus pressé que de venir à Paris manger les cent mille francs comme on les mange dans Balzac. Le projet fut mis à exécution de la façon la plus régulière : bouquets offerts, bouts de gants baisés, duchesses conquises, filles aux yeux d'or achetées, rien ne manque, le tout couronné par une orgie folle d'après celle de la *Peau de chagrin*. La peau de chagrin, c'est-à-dire les cent mille francs, avait duré six mois juste. Le fils de l'helléniste s'était prodigieusement amusé. La poche à sec et le cerveau plein de rimes, il déclara vouloir désormais exercer l'état de poète. Mais il était écrit que, jusqu'à sa mort, Philoxène serait une *victime du livre*. Balzac quitté, il rencontra Shakespeare; Balzac ne lui avait mangé que ses écus, Shakespeare lui mangea sa vie! Un matin, peut-être à la suite d'un rêve, Philoxène se réveilla absolument épris de l'œuvre shakespearienne. Et comme cet homme volontaire et frêle, d'humeur doucement violente, ne savait rien faire à demi, dès ce matin il se voua à Shakespeare corps et âme! Étudier Shakespeare, le savoir par cœur, depuis ses sonnets les plus obscurs jusqu'à ses pièces les plus contestées, n'était rien, et la chose ne prit que quelques mois. Mais Philoxène prétendait mieux : voulant écrire un livre sur Shakespeare, un livre complet, définitif, monument en un mot digne du dieu, il conçut l'invraisemblable projet de lire auparavant, pour en extraire la quintessence,

tout (mais là tout, sans en excepter le moindre article ni le plus mince document), tout ce qui depuis deux cents ans jusqu'à nos jours aurait été publié sur Shakespeare. Amoncellement d'in-folios poudreux, suffisant pour bâtir une Babel : et la Babel, hélas ! fut bientôt dans la tête de Philoxène. Je l'ai vu chez lui, ne s'appartenant plus, de tous côtés débordé par Shakespeare. Cinq mille, dix mille volumes sur Shakespeare, de tous formats, en toutes langues, montant jusqu'au plafond, obstruant les fenêtres, écrasant les tables, envahissant les fauteuils, entassés, croulants, dévorant l'air et la lumière, et au milieu, Philoxène, qui prenait des notes pendant que ses marmots braillaient. Car il s'était marié, sans trop savoir, et avait eu des enfants, entre deux lectures. Surexcité par son idée fixe, se parlant tout seul, le regard à l'horizon, perdu dans le rêve, il marchait à travers Paris comme un aveugle. Sa femme, douce créature, un peu attristée, le suivait partout, lui servait d'Antigone. On les rencontrait au café de la Régence, toujours ensemble. Elle lui faisait son absinthe, avec soin, une absinthe claire, à peine teintée d'opale verte, car l'enthousiaste poète n'avait pas besoin d'excitants. On la voyait encore au premier rang aux conférences que Philoxène faisait dans la salle du quai Malaquais, toujours sur Shakespeare. Parfois le mot ne venait pas, — pénible spectacle! — l'orateur cherchait, se crispait en vain. Chacun sentait que dans cette tête encombrée, les idées, les phrases se bousculaient sans pouvoir sortir, comme une foule affolée devant une porte, dans un incendie. La femme, devinant le mot, soufflait doucement, maternellement. La phrase sortait, s'envolait; et c'étaient alors, au milieu de cette cruelle improvisation, de cette gesticulation frénétique, de vifs éclairs, des poussées éloquentes. Il y avait un vrai poète au fond de ce doux possédé. Philoxène a fini tristement, travaillant à d'obscurs travaux pour vivre et s'acheter des livres, rêvant toujours de sa grande étude sans pouvoir l'écrire jamais. Car il voulait tout lire sur Shakespeare; et chaque jour paraissaient en Allemagne, en Angleterre, des travaux qui le distançaient et le forçaient à remettre au lendemain sa première ligne.

Il est mort laissant pour tout bagage deux petits actes écrits en collaboration avec Théodore de Banville, un *Polichinelle* inachevé, d'allure assez originale et retapé depuis par des faiseurs, et un volume de vers recueillis et publiés par les soins de ses amis. On avait obtenu un petit bureau de poste pour sa veuve. Après avoir longtemps pleuré son poète, la bonne et simple femme s'est, il y a deux ans, remariée. Devinez avec qui? Avec le facteur.

N'ai-je pas eu raison d'attirer votre attention sur Philoxène et sur sa femme? Pour moi, je ne saurais les oublier, et je les vois encore discrets et timides, à l'angle du petit salon ; lui, agité de nerveux soubresauts, elle, serrant les genoux, étonnée; tandis que Pagans, nouvellement arrivé du pays des cédrats, chante ses chansons espagnoles; que Mme la comtesse Chodsko sert un thé grêle et clair — vrai thé d'exilé! — à de superbes Polonaises, aux cheveux lourds, tordus par masses sur la nuque, ardents, couleur d'épis brûlés; et que le bon vieux père Chodsko, à minuit sonnant, avec la régularité d'un coucou, apparaît, un bougeoir à la main, sur la porte, promène sur la société un regard circulaire, baragouine d'un fort accent slave un : « Bonjour, moussiou » à des gens qu'on lui présente et qu'il ne con-

naît pas, puis disparaît, mécaniquement, dans les plis d'une portière.

Le désir de promener mon habit m'entraînait plus loin quelquefois, là-bas, à l'autre bout de Paris, de l'autre côté de la Seine. On suivait les quais très longtemps, respirant de fauves odeurs, écoutant les lions rugir derrière la grille du Jardin des Plantes; on passait un pont, on contemplait à la lueur du gaz ou sous le clair de lune les frontons fantasques et le clocheton bizar-

rement ajouré des ruines de l'hôtel de Lavalette; puis on arrivait à l'Arsenal, au vieil Arsenal aujourd'hui bibliothèque, avec sa longue grille, son perron, sa porte du temps de Vauban, où sont sculptées des bombardes, à l'Arsenal rempli encore du souvenir de Charles Nodier. Nodier n'était plus là : le petit salon vert si célèbre d'où est parti le romantisme, qui a vu Musset, Hugo, et George Sand pleurer aux aventures du chien de Brisquet, le petit salon vert, plus célèbre, et plus justement, que le salon bleu d'Arthénice, était occupé maintenant par M. Eugène Loudun. L'esprit de révolution, le libre esprit ne flottait plus dans ses rideaux. Après les champions romantiques, des ouvriers poètes, des rimeurs chrétiens s'étaient glissés dans ce huitième château du roi de Bohême. Des vieux romantiques, un seul restait, fidèle au poste sans faiblir, ferme et droit dans sa redingote comme un reître huguenot sous son armure.

C'était Amédée Pommier, un merveilleux artisan en mots et en rimes, l'ami des Dondey et des Pétrus Borel, l'auteur de l'*Enfer*, de *Crâneries et dettes de cœur*, beaux livres aux titres flamboyants, régal des lettrés, effroi des académies, et pleins de vers bruyants et colorés comme une volière d'oiseaux des tropiques.

Amédée Pommier était pauvre et digne. Il vivait enfermé, gagnant sa vie à faire pour la librairie Hachette des traductions qu'il ne signait pas. Un détail curieux : c'est en collaboration avec Amédée Pommier que Balzac, toujours tourmenté de l'idée d'écrire une grande comédie classique, avait entrepris *Orgon*, cinq actes en vers, faisant suite à *Tartufe*.

Dans ce salon vert de l'Arsenal, je connus encore M. Henri de Bornier. Il disait souvent de petites pièces de vers fort spirituelles, une entre autres, dont le souvenir me reste et qui, à chaque couplet, se terminait par ce refrain : — « Eh! eh! je ne suis pas si bête! » Pas si bête, en effet, M. de Bornier! puisqu'il a fait la *Fille de Roland*, un grand succès au Théâtre-Français, et qui mènera son auteur à l'Académie. — Il y avait grand branle-bas à certains soirs, on apportait des paravents, on alignait chaises et fauteuils, et on combinait des charades. J'ai figuré là dans des charades, je l'avoue! et je me vois encore sur un marché turc, en Circassienne, revêtu de longs voiles blancs.

j'avais Mme de Bornier pour compagne d'esclavage. M. de Bornier, en turban et en fustanelle, faisait une manière de sultan et nous achetait. Quant au marchand d'esclaves, c'était, ne vous en déplaise, ni plus ni moins que M. L..., sénateur, ancien ministre, fort en vue alors, et condamné depuis pour des inconséquences financières. La chute de l'Empire nous ménageait bien des surprises; et cette grande route parisienne a parfois de singuliers tournants!

MON TAMBOURINAIRE

J'étais chez moi, un matin, encore couché, on frappe.

— Qu'est-ce que c'est?
— Un homme avec une grande caisse!

Je crois à quelque colis arrivé du chemin de fer; mais, au lieu du facteur attendu, m'apparaît, dans le jour jaune de novembre, un petit homme avec le chapeau rond et la veste courte des bergers provençaux. Des yeux très noirs, inquiets et doux, la tête à la fois naïve et obstinée, et, perdu à moitié sous d'épaisses moustaches, un accent parfumé d'ail, invraisemblablement méridional. L'homme me dit : « Ze suis Buisson ! » et me tend une lettre sur l'enveloppe de laquelle je reconnais tout de suite la belle petite écriture régulière et calme du poète Frédéric Mistral. Sa lettre était courte.

« Je t'envoie l'ami Buisson, il est *tambourinaire* et vient se montrer à Paris, pilote-le. »

Piloter un tambourinaire ! Ces méridionaux ne doutent de rien. La lettre lue, je me retournai vers Buisson.

— Ainsi, vous êtes tambourinaire?

— Oui, monsieur Daudet, le plus fort de tous, vous allez voir !

Et il alla chercher ses instruments que, par discrétion, il avait laissés avant d'entrer, sur le palier, derrière la porte; une petite boîte carrée et plate, avec un grand cylindre voilé de serge verte, en tout pareil pour les dimensions et la forme aux monumentaux tourniquets que les marchands de plaisir trimbalent à travers les rues. La petite boîte plate contenait le galoubet, la naïve flûte rustique qui fait tu... tu... tandis que le tambourin fait pan... pan ! Le cylindre voilé était le tambourin lui-même. Quel tambourin, mes amis ! les larmes m'en vinrent aux yeux lorsque je le vis déballé : un authentique tambourin du siècle de Louis XIV, attendrissant et comique à la fois dans son énormité, grondant comme un vieillard pour peu qu'un bout de doigt l'effleure, en fin noyer agrémenté de légères sculptures, poli, aminci, léger, sonore, et comme assoupli sous la patine du temps. Sérieux comme un pape, Buisson accroche son tambourin au bras gauche, prend le galoubet entre trois doigts de sa main gauche (vous avez vu la pose et l'instrument dessinés dans quelque gravure du dix-huitième siècle ou sur un fond d'assiette de Vieux-Moustier), et, maniant de la main droite la petite baguette à bout d'ivoire, il agace le gros tambour qui de son timbre frissonnant, de son bourdonnement continu de cigale, marque le rythme et fait la basse sous le gazouillement aigu et vif du galoubet. Tu... tu ! pan... pan ! Paris était loin, l'hiver aussi.

Tu... tu! pan... pan! Tu... tu!... Un clair soleil, de chauds parfums remplissaient ma chambre. Je me sentais transporté en Provence, là-bas, au bord de la mer bleue, à l'ombre des peupliers du Rhône; des aubades, des sérénades retentissaient sous les

fenêtres, on chantait Noël, on dansait les Olivettes, et je voyais la farandole se dérouler sous les platanes feuillus des places villageoises, dans la poudre blanche des grandes routes, sur la lavande des collines brûlées, disparaissant pour reparaître, de plus en plus emportée et folle, tandis que le tambourinaire suit lentement, d'un pas égal, bien sûr que la danse ne laissera pas la musique en route, solennel et grave, et boitant un peu avec un mouvement du genou qui re-

pousse à chaque pas l'instrument devant lui.

Tant de choses dans un air de tambourin ! Oui, et bien d'autres encore que vous n'auriez peut-être pas vues, mais que moi, certes, je voyais. L'imagination provençale est ainsi faite; elle est d'amadou, s'enflamme vite, même à sept heures du matin, et Mistral avait eu raison de compter sur mon enthousiasme. Buisson, lui aussi, s'exaltait. Il me racontait ses luttes, ses efforts, et comme quoi il avait arrêté à moitié pente galoubet et tambourin roulant vers l'abîme.

Des barbares, paraît-il, voulaient perfectionner le galoubet, lui ajouter deux trous... un galoubet à cinq trous, quel sacrilège! Lui s'en tenait religieusement au galoubet à trois trous, au galoubet des ancêtres, sans craindre personne néanmoins pour l'onctueux des liés, la vivacité des variations et des trilles. « Ce m'est venu, disait-il d'un air modeste et vaguement inspiré, avec cet accent particulier qui rendrait comique la plus touchante des oraisons funèbres, ce m'est venu de nuit, une fois que z'étais assis sous un olivier en écoutant çanter un rossignou.... et ze me pensais : Comment, Buisson, l'oiseau du bon Dieu çante comme ça, et ce qu'il fait avec un seul trou, toi, avec trois trous, tu ne le saurais faire? » Un petit peu bête, la phrase ! Mais, ce jour-là, elle me parut charmante.

Un bon méridional ne jouit pleinement de son émotion que s'il la fait partager à d'autres. J'admirais Buisson : il fallait qu'on l'admirât. Me voilà donc lancé à travers Paris, promenant mon tambourinaire, le présentant comme un phénomène, recrutant des amis, organisant une soirée chez moi. Buisson joua, raconta ses luttes, dit encore : « Ce m'est venu... » Décidément il affectionnait cette phrase, et mes amis firent semblant de s'en retourner émerveillés.

Ceci n'était que le premier pas. J'avais une pièce en répétition au théâtre de l'Ambigu, une pièce provençale ! Je parlai de Buisson, de son tambourin, de son galoubet, à Hostein, alors directeur, vous devinez avec quelle éloquence ! Huit jours durant je le chauffai. A la fin il me dit :

— Si nous mettions votre tambourinaire dans la pièce ? Il manque un clou, ça pourrait peut-être servir à accrocher le succès.

Je suis sûr que le Provençal n'en dormit point. Le lendemain, nous montions tous trois en fiacre, lui, le tambourin et moi ; et à midi pour le quart, comme s'expriment les bulletins de répétitions, nous débarquions, au milieu d'un groupe de flâneurs, ameutés par l'étrangeté de l'engin, devant la petite porte honteuse et basse qui, dans les théâtres les plus luxueux, sert d'entrée peu triomphale aux auteurs, aux artistes et aux employés de la maison.

« Bon Dieu, qu'il fait noir ! » soupirait le Provençal, tandis que nous suivions le long couloir humide et venteux comme le sont tous les couloirs de théâtres. « Bon Dieu, qu'il fait froid et qu'il fait noir ! » Le tambourin semblait du même avis et se cognait à tous les coudes du couloir, à toutes les marches de l'escalier en tire-bouchon, avec des vibrations, des grondements formidables. Enfin, clopin clopant, nous arrivons sur la scène. On était en répétition. Horrible à voir, le théâtre ainsi, dans le secret de sa basse toilette, sans l'agitation, sans la vie, sans le fard et l'illumination du soir : des gens affairés, marchant d'un bruit mou et parlant bas, ombres tristes au bord du

Styx, ou mineurs au fond d'une mine. Une odeur de moisi et de gaz en fuite. Hommes

et choses, gens qui vont et viennent, et décors fantastiquement mêlés, tout couleur de cendre à la lumiére avare et rare de lampions et de becs de gaz voilés comme des lampes Davy; et pour rendre l'ombre plus lourde, l'impression de souterrain plus exacte, de temps en temps, là-haut, au deuxième, troisième étage, dans la salle noire, une porte de loge qui s'ouvre et, comme l'orifice éloigné d'un puits, laisse tomber un peu de jour extérieur. Ce spectacle, nouveau pour lui, démonta un peu mon compatriote. Mais le gaillard se remit vite, et se laissa placer courageusement, tout seul dans l'ombre, au fin fond de la scène, sur un tonneau qu'on lui avait préparé. Avec son tambourin, cela faisait deux tonneaux l'un sur l'autre. Vainement je protestai, vainement je dis : « En Provence, les tambourinaires jouent en marchant, et votre tonneau n'est pas possible »; Hostein m'assura que mon tambourinaire était un ménétrier, et que le ménétrier ne se concevait pas autrement que sur un tonneau au théâtre. Va pour le tonneau! Buisson, d'ailleurs, toujours plein de confiance, grimpé déjà et se piétant pour trouver le bon équilibre, me disait : « Ça fait rien! » Nous le laissons donc la flûte au bec, la baguette en main, derrière une forêt vierge de décors, de portants, de poulies et de cordages, et nous nous installons, directeur, auteurs et acteurs, sur le devant de la scène, le plus loin possible, pour juger de l'effet.

— Ce m'est vénu, soupirait Buisson dans l'ombre, ce m'est vénu de nuit, sous un olivier, une fois que z'écoutais çanter le rossignou...

— C'est bon! c'est bon! joue-nous quelque chose, m'écriai-je, agacé déjà par sa phrase.

— Tu... tu... Pan... pan...

— Chut! il commence.

— Nous allons juger de l'effet!

Quel effet, grand Dieu, produisit sur le sceptique auditoire cette rustique musiquette, chevrotante et grêle comme un bruit d'insecte, qui bourdonnait là-bas dans un coin! je voyais les acteurs narquois, toujours réjouis par état de l'insuccès d'un camarade, plisser ironiquement leurs lèvres glabres; le pompier, sous son bec de gaz, se tordait de rire ; le souffleur lui-même, tiré de son ordinaire somnolence par l'étrangeté de l'événement, se soulevait sur les deux mains, passait la tête hors de sa boîte, et avait l'air ainsi d'une tortue gigantesque. Cependant Buisson, ayant fini de jouer, reprenait sa phrase, qu'apparemment il trouvait jolie :

—... Comment, l'oiseau du bon Dieu çante comme ça, et ce qu'il fait avec un seul trou, toi, avec trois trous, tu ne le saurais faire !

— Qu'est-ce qu'il nous chante, votre homme, avec son histoire de trous? disait Hostein.

Alors j'essayai d'expliquer le fin de la chose, l'importance des trois trous au lieu de cinq, l'originalité qu'il y avait à jouer tout seul des deux instruments. « Le fait est qu'à deux, observa Marie Laurent, ce serait plus commode. »

J'essayai, pour appuyer mon raisonnement, d'esquisser un pas de farandole sur les planches. Rien n'y fit, et je commençai à me rendre compte vaguement de la vérité cruelle, que pour faire partager aux autres ce que le tambourin et ses vieux airs naïfs évoquaient en moi d'impressions, de souvenirs poétiques, il aurait fallu que le musicien apportât en même temps dans Paris un haut de colline, un pan de ciel bleu, un peu de l'atmosphère provençale. « Allons, les enfants, enchaînons, enchaînons! » Et, sans plus s'occuper du tambourinaire, la répétition continua. Buisson ne bougeait point et demeurait à son poste, certain de son succès, croyant de bonne foi faire déjà partie de la pièce. Après le premier acte, un remords me prit de le laisser là-bas sur ce tonneau, où sa silhouette se détachait vaguement.

— Allons, Buisson, descends, vite!

— Est-ce qu'on va signer?

Le malheureux croyait à un effet formidable, et me montrait un papier timbré, un traité préparé d'avance avec une prudence toute paysanne.

— Non, pas aujourd'hui... on t'écrira... mais prends garde, sapristi! ton tambourin se heurte partout et fait un vacarme!...

J'avais honte du tambourin maintenant, je craignais que quelqu'un ne l'entendît, et quelle joie, quel soulagement, quand je l'eus remis en fiacre! je n'osai pas revenir au théâtre de huit jours.

Quelque temps après, Buisson revint me voir.

— Eh bé, ce traité ?...

— Ce traité ?... Ah oui !... ce traité... Eh bien, Hostein hésite, il ne comprend pas...

— C'est un imbécile !

Au ton amer et dur dont le doux musicien prononça ces mots, je me rendis compte de toute l'étendue de mon crime. Grisé par mon enthousiasme, mes éloges, envolé, détraqué, perdu, le tambourinaire provençal se prenait sérieusement pour un grand homme, et comptait — ne le lui avais-je pas dit, hélas ! — que Paris lui réservait des triomphes ? Allez donc arrêter un tambourin roulant ainsi à grand fracas, à travers les rochers et les fourrés d'épines, sur la pente de l'illusion ! Je n'essayai point, c'eût été folie et peine perdue.

Buisson, d'ailleurs, avait maintenant d'autres admirateurs, et des plus illustres : Félicien David, et Théophile Gautier, à qui Mistral avait écrit en même temps qu'à moi. Ames de poète et de rêveur facilement séduites, promptes à s'abstraire, l'auteur du voyage en Orient et le musicien du pays des roses n'avaient pas eu de peine à faire, par l'imagination, un paysage autour des mélodies rustiques du tambourin.

L'un, tandis que rossignolait le galoubet, croyait revoir les grèves de sa Durance natale et les terrasses croulantes de ses coteaux de Cadenet; l'autre laissait son rêve aller plus loin, et trouvait dans le battement monotone et sourd du tambourin je ne sais quel ressouvenir plein de saveur des nuits à la Corne-d'Or et des *derboukas* arabes.

Tous deux s'étaient pris d'un vif et subit caprice pour le talent réel, quoique dépaysé, de Buisson. Ce furent, pendant quinze jours, des réclames insensées; tous les journaux parlaient du tambourin, les illustrés publiaient son image, fièrement campé, l'œil vainqueur, le fifre léger entre les doigts, le tambourin en bandoulière. Buisson, ivre de gloire, achetait les journaux par douzaines, et les envoyait dans son pays.

De temps en temps, il venait me voir et me racontait ses triomphes : un punch dans un atelier d'artistes, des soirées dans le monde, au faubourg Saint-Germain (il en avait plein la bouche, de son faubourg *de Séint-Germéïn!*) où le gaillard rendait rêveuses des douairières coiffées à l'oiseau, en répétant effrontément sa fameuse phrase :

« Ce m'est vénu de nuit, sous un olivier, en écoutant çanter le rossignou... »

En attendant, comme il s'agissait de ne pas se rouiller, et de conserver, malgré les mille distractions de la vie d'artiste, le moelleux du doigté et la pureté de l'embouchure, notre Provençal ingénu imagina de répéter ses aubades et ses farandoles, le soir, en plein Paris, au cinquième de l'hôtel garni qu'il occupait au quartier Bréda. — Tu... tu! — Pan... pan! — Tout le quartier s'émeut de ces grondements insolites. On s'ameute, on porte plainte, Buisson n'en continue que de plus belle, répandant à tour de bras et l'harmonie et l'insomnie, et la concierge, de guerre lasse, lui refuse un soir sa clef.

Buisson, se drapant dans sa dignité d'ar-

tiste, plaida en justice de paix et gagna. La loi française, dure aux musiciens, et qui exile tout le long de l'an les cors de chasse dans les caves, ne leur permettant qu'au mardi-gras — un jour sur trois cent soixante-cinq

— de faire résonner leurs fanfares de cuivre à l'air libre, la loi française, paraît-il, n'avait pas prévu le tambourin.

A partir de cette victoire, Buisson ne douta plus de rien. Un dimanche matin, je reçois une carte : il devait, l'après-midi, se faire entendre à la salle du Châtelet, dans un grand concert. Le devoir, l'amitié commandaient : j'allai donc l'entendre, non sans me sentir comme attristé par quelques secrets pressentiments.

Salle superbe, comble du parterre aux cintres ; décidément nos réclames avaient porté. Tout à coup la toile se lève, émotion générale, grand silence. Moi, je pousse un cri de stupeur. Au milieu de l'immense scène, faite pour que six cents figurants puissent y manœuvrer à l'aise, Buisson, avec son tambourin, un habit étriqué et des gants qui le faisaient ressembler à ces insectes à pattes jaunes que Granville, dans ses fantaisies, dessine s'acharnant sur de fantastiques instruments, Buisson tout seul se présentait. Je le voyais, à la lorgnette, agiter ses longs bras, faire voltiger ses élytres ; il jouait, évidemment, le malheureux, tapait à tour de bras, soufflait de toutes ses forces ; mais, dans la salle, aucun bruit perceptible n'arrivait. C'était trop loin, tout était mangé par la scène. Tel un grillon de boulanger chanterait sa sérénade au beau milieu du Champ de Mars ! Et pas moyen de faire compter les trous à cette distance, pas moyen de dire : « Ce m'est vénu... » ni de parler de l'oiseau du bon Dieu !

J'étais rouge de honte ; je voyais autour de moi des gens ahuris, j'entendais murmurer : « Qu'est-ce que c'est que cette mauvaise plaisanterie ? » Les portes des loges claquaient, la salle se vidait peu à peu ; cependant, comme c'était un public poli, on ne siffla point, et on laissa le tambourinaire achever son air dans la solitude.

Je l'attendais à la sortie pour le consoler. Ah bien ouiche ! Il croyait avoir obtenu un succès énorme, il était plus radieux que jamais. « Z'attends Colonne pour signer », fit-il en me montrant un gros papier maculé de timbres. Cette fois, par exemple, je n'y pus tenir ; je pris à deux mains mon courage, et dis brutalement, tout d'une haleine, ce que je pensais :

— Buisson, nous nous sommes tous trompés en voulant faire comprendre à Paris la grâce de ton gros tambour et la mélodie de ton fifre. Je me suis trompé ; Gautier, David se sont trompés, et, par ricochet, tu te trompes. Non, tu n'es pas un rossignol...

— Ce m'est venu... interrompit Buisson.

— Oui ! ça t'est venu, je le sais, mais tu n'es pas un rossignol. Le rossignol, lui, chante partout, ses chansons sont de tous les pays, et dans tous les pays ses chansons se font comprendre. Toi, tu n'es qu'une pauvre cigale, — dont le refrain monotone et sec va bien aux pâles oliviers, aux pins pleurant la résine en larmes d'or, au vif azur, au grand soleil, aux coteaux pierreux de Provence, — mais une cigale ridicule, lamentable, sous ce ciel gris, dans le vent et la pluie, avec ses longues ailes mouillées. Retourne donc là-bas, rapporte là-bas ton tambourin, joue des aubades, des sérénades, fais danser les belles filles en farandoles, conduis en marche triomphale les vainqueurs aux jeux de taureaux : là-bas, tu es un poète, un artiste; ici, tu serais un saltimbanque incompris.

Il ne répondit rien; mais, dans son regard visionnaire, dans son œil de doux têtu, je pus lire : « Toi, tu es un jaloux! »

A quelques jours de là, mon homme, fier comme Artaban, vint m'annoncer que Colonne — encore un imbécile, comme Hostein! — n'avait pas voulu signer; mais qu'il se présentait une autre affaire, merveilleuse, celle-là : un engagement dans un café-concert, à 120 francs par soirée, signé d'avance. En effet, il avait le papier. Ah! le bon papier!... J'ai appris la vérité depuis.

Je ne sais quel directeur en déroute, entraîné, aveuglé, dans le courant bourbeux de la faillite, avait imaginé de s'accrocher à cette cassante branche de saule qui s'appelait la musiquette de Buisson. Sûr de ne pas payer, il signa tout ce qu'on voulut. Mais le Provençal ne prévoyait pas de si loin : il avait un papier timbré, et ce papier timbré suffisait à sa joie. De plus, comme c'était un café-concert, il avait fallu un costume.

« Ils m'ont mis en troubadour de l'ancien temps, » me disait-il avec un gracieux sourire, « mais, comme je suis très bien fait, ça ne me va pas mal, vous verrez ! » Je vis en effet.

Dans un de ces cafés chantants des alentours de la porte Saint-Denis, si fort en vogue aux dernières années de l'Empire, — avec le clinquant de son ornementation baroque moitié chinoise, moitié persane, dont les peinturlures et les ors étaient rendus plus cruels à l'œil par l'exagération des becs de gaz et des girandoles, ses loges d'avant-scène grillées et fermées où venaient se cacher certains soirs, pour applaudir les tours de reins et les coups de gueule de quelque excentrique diva, des duchesses et des ambassadrices, sa mer de têtes et de bocks nivelée, comme les flots en temps de brouillard, par la fumée des pipes et la vapeur des haleines, ses garçons qui courent, ses consommateurs qui crient, son chef d'orchestre, cravaté de blanc, impassible et digne, soulevant ou calmant d'un geste à la Neptune la tempête de cinquante cuivres ;

— entre une romance d'un sentimentalisme bête, bêlée par une assez jolie fille aux yeux de mouton, et une églogue au poivre de Cayenne, cyniquement hurlée par une sorte de Thérésa aux bras rouges, sur la scène où bâillaient, assises en rond, attendant leur tour de chanter, une demi-douzaine de dames en blanc, décolletées et minaudières, apparut soudain un personnage que de ma vie je n'oublierai. C'était Buisson, le galoubet aux doigts, le tambourin sur le genou gauche, en costume de troubadour, ainsi qu'il me l'avait promis. Mais quel troubadour! un justaucorps (figurez-vous ça!) mi-partie vert-pomme et bleu, une cuisse rouge, l'autre jaune, le tout collant à faire frémir; toque à créneaux; souliers relevés à la poulaine; et avec cela des moustaches, ces belles moustaches trop longues et trop noires, auxquelles il n'avait pu se décider à renoncer, retombant sur le menton comme une cascade de cirage !

Séduit vraisemblablement par le goût exquis de ce costume, le public accueillit le musicien d'un long murmure approbateur, et mon troubadour souriait d'aise, était heureux, voyant devant lui cet auditoire sympathique et sentant dans son dos le regard de flamme des belles dames assises en rond qui l'admiraient. Par exemple, ce fut autre chose quand la musique commença. Les tutu, les panpan ne pouvaient séduire ces oreilles blasées, comme un gosier l'est par l'alcool, et brûlées au vitriol du répertoire de l'endroit. Et puis on n'était pas, comme au Châtelet, en compagnie distinguée et discrète. « Assez!.. Assez!.. Qu'on l'enlève!.. — As-tu fini, lapin savant?... » Vainement Buisson essaya d'ouvrir la bouche et de dire : « Ce m'est venu... » les banquettes se soulevèrent, il fallut baisser le rideau, et le troubadour vert, bleu, rouge et jaune, disparut dans la tempête des sifflets, comme un pauvre ara déplumé et tourbillonnant, qu'emporte un coup de vent sous les tropiques.

Buisson, le croiriez-vous, s'entêta. Une illusion pousse vite et est longue à déraciner dans une cervelle provençale. Quinze soirs de suite il revint, toujours sifflé, jamais payé, jusqu'au moment où, sur les portes travaillées à jour du concert, un clerc d'huissier vint afficher la déclaration de faillite.

Alors commença la dégringolade. De boui-boui en boui-boui, de beuglant en beuglant, toujours croyant à des triomphes, toujours poursuivant sa chimère d'engagement sur papier timbré, le tambourinaire roula jusqu'aux guinguettes de banlieue, où l'on joue au cachet, accompagné d'un piano édenté pour tout orchestre, à la plus grande joie d'un public de canotiers éreintés et gris et de calicots en villégiature du dimanche.

Un soir — l'hiver finissait à peine et le printemps n'était pas venu — je traversais les Champs-Élysées. Un concert en plein vent, plus pressé que les autres, avait suspendu ses lanternes dans les arbres encore sans feuilles. Il bruinait un peu, c'était triste. J'entendis un Tu... Tu!... Pan... pan!... Encore lui! Je l'aperçus à travers la claire-voie, tambourinant un air de Provence devant une demi-douzaine d'auditeurs venus sans doute avec des billets de faveur et s'abritant sous des parapluies. Je n'osai pas

entrer; c'était ma faute, après tout, cela!
C'était la faute de mon imprudent enthousiasme. Pauvre Buisson! Pauvre cigale
mouillée!!!

Histoire de mes Livres

—

TARTARIN DE TARASCON

Depuis bientôt quinze ans que j'ai publié les *Aventures de Tartarin*, Tarascon ne me les a pas encore pardonnées, et des voyageurs dignes de foi m'affirment que, chaque matin, à l'heure où la petite ville provençale ouvre les volets de ses boutiques et secoue ses tapis au souffle du grand Rhône, de tous les seuils, de toutes les fenêtres, jaillit le même poing irrité, le même flamboiement d'yeux noirs, le même cri de rage vers Paris : « Oh! ce Daudet... si un coup, il descend par ici... » comme dans l'histoire de Barbebleue : « Descends-tu... ou si je monte ! »

Et sans rire, une fois, Tarascon est monté.

C'était en 1878, quand la province foisonnait dans les hôtels, sur les boulevards et ce pont gigantesque jeté entre le Champ-de-Mars et le Trocadéro. Un matin, le sculpteur Amy, Tarasconais nationalisé Parisien voyait pointer chez lui une formidable paire de moustaches venues en train de plaisir, sous prétexte d'Exposition universelle, en réalité pour s'expliquer avec Daudet au sujet du brave commandant Bravida et de la *Défense de Tarascon*, un petit conte publié pendant la guerre.

— *Qué?...* nous y allons chez Daudet!

Ce fut leur premier mot, à ces moustaches tarasconaises, en entrant dans l'atelier; et, quinze jours durant, le sculpteur Amy n'eut que cette phrase aux oreilles : « Et *autrement*, où le trouve-t-on ce Daudet ? » Le malheureux artiste ne savait plus qu'imaginer pour m'épargner cette apparition héroï-comique. Il menait les moustaches de son « pays » à l'Exposition, les perdait dans la rue des Nations, dans la galerie des machines, les arrosait de bière anglaise, vin hongrois, lait de jument, boissons exotiques et variées, les étourdissait de musique mauresque, tzigane, japonaise, les brisait, les harassait, les hissait — comme Tartarin sur son minaret — jusqu'aux tourillons du Trocadéro.

Mais la rancune du Provençal tenait ferme, et de là-haut, guettant Paris, le sourcil froncé, il demandait :

— Est-ce qu'on la voit, sa maison ?

— Quelle maison ?

— Té !... de ce Daudet, pardi !

Et comme cela partout. Heureusement le train de plaisir chauffait et remportait, inassouvie, la vengeance du Tarasconais ; mais celui-là parti, il pouvait en venir d'autres, et de tout le temps de l'Exposition je ne dormis pas. C'est quelque chose, allez, de sentir sur soi la haine de toute une ville ! Encore aujourd'hui, quand je vais dans le Midi, Tarascon me gêne au passage ; je sais qu'il m'en veut toujours, que mes livres sont chassés de ses librairies, introuvables même à la gare, et du plus loin que j'aperçois dans l'embrasure du wagon le château du bon roi René, je me sens mal à l'aise et voudrais brûler la station. Voilà pourquoi je profite de cette édition nouvelle pour offrir publiquement aux Tarasconais, avec toutes mes excuses, l'explication que l'ancien commandant en chef de leur milice était venu me demander.

Tarascon n'a été pour moi qu'un pseudonyme ramassé sur la voie de Paris à Marseille, parce qu'il ronflait bien dans l'accent du Midi et triomphait, à l'appel des stations, comme un cri de guerrier Apache. En réalité, le pays de Tartarin et des chasseurs de casquettes est un peu plus loin, à cinq ou six lieues, « de l'autre main » du Rhône. C'est là que, tout enfant, j'ai vu languir le baobab dans son petit pot à réséda, image de mon héros à l'étroit dans sa petite ville, là que les Rebuffa chantaient le duo de *Robert-le-Diable*; c'est de là, enfin, qu'un jour de novembre 1861, Tartarin et moi, armés jusqu'aux dents et coiffés de la chechia, nous partîmes chasser le lion en Algérie.

A dire vrai, je n'y allais pas expressément pour cela, ayant surtout besoin de calfater au bon soleil mes poumons un peu délabrés. Mais ce n'est pas pour rien, mille dieux ! que je suis né au pays des chasseurs de casquettes ; et dès que j'eus mis le pied sur le pont du *Zouave* où l'on embarquait notre énorme caisse d'armes, plus Tartarin que Tartarin, je m'imaginai réellement que j'allais exterminer tous les fauves de l'Atlas.

Féerie du premier voyage ! Il me semble que c'est aujourd'hui ce départ, cette mer bleue, mais bleue comme une eau de teinture, toute rebroussée par le vent, avec des étincellements de saline, et ce beaupré qui se cabrait, piquait la lame, se secouait tout blanc d'écume et repartait la pointe au large, toujours au large, et midi qui sonnait partout dans la lumière avec toutes les cloches de Marseille, et mes vingt ans qui faisaient dans ma tête aussi un retentissant carillon.

Tout cela, je le revis rien que d'en parler,

je suis là-bas, je roule les bazars d'Alger dans un demi-jour qui sent le musc, l'ambre, la rose étouffée et la laine chaude; les guzlas nasillent sur trois cordes devant les petites armoires à glace tunisiennes aux arabesques de nacre, pendant que le jet d'eau tinte sa note fraîche sur les faïences du patio. Et me voilà courant le Sahel, les bois d'orangers de Blidah, la Chiffa, le ruisseau des Singes, Milianah et ses pentes vertes, ses vergers enchevêtrés de tournesols, de figuiers, de cougourdiers comme nos bastides provençales.

Voilà l'immense vallée du Chélif, des maquis de lentisques, de palmiers nains, des torrents à sec bordés de lauriers-roses; sur l'horizon la fumée d'un gourbi montant droite d'un fourré de cactus, l'enceinte grise d'un caravansérail, un tombeau de saint avec sa coupole blanche en turban, ses ex-voto sur le mur de chaux éblouissant, et çà et là, dans l'étendue brûlée et claire, de mouvantes taches sombres qui sont des troupeaux,

Et j'entends encore, avec la sensation au

creux de l'estomac des secousses de ma selle arabe, le cliquetis de mes grands étriers, les appels des bergers dans cette atmosphère ondée et fine où la voix ricoche : « Si mohame... e... ed..i », les abois furieux

des chiens slougis autour des douars, les coups de feu et les hurlements des fantasias, et la sauvage musique des derboukas, le soir, devant la tente ouverte, tandis que les chacals glapissent dans la plaine, enragés comme nos cigales, et qu'un croissant de lune claire, le croissant de Mahomet, scintille sur le velours constellé de la nuit. Très nette aussi dans ma mémoire la tristesse du retour, l'impression d'exil et de froid en rentrant à Marseille, le bleu du ciel provençal me paraissant embruni et voilé à côté de ces horizons algériens, palette aux gammes intenses et variées, aurores d'un vert inouï, le vert minéral, le vert poison, courts crépuscules du soir, changeants et nacrés de pourpre et d'améthyste, puits roses, où viennent boire des chameaux roses, où la corde du puits, la barbe du Bédouin, lapant à même le seau, ruissellent de gouttelettes roses...; après plus de vingt ans, je retrouve en moi ce regret, cette nostalgie d'une lumière disparue.

Il y a dans la langue de Mistral un mot qui résume et définit bien tout un instinct de la race : *galéja*, railler, plaisanter. Et l'on voit l'éclair d'ironie, la pointe malicieuse qui luit au fond des yeux provençaux. *Galéja* revient à tout propos dans la conversation, sous forme de verbe, de substantif. « *Vesés-pàs ?... Es uno galéjado...* Tu ne vois donc pas?... C'est une plaisanterie... *Taisoté, galéjaïré*... Taisez-vous, vilain moqueur. » Mais d'être *galéjaïré*, cela n'exclut ni la bonté ni la tendresse. On s'amuse, *té* ! on veut rire ; et là-bas le rire va avec tous les sentiments, les plus passionnés, les plus tendres. Dans une vieille, vieille chanson de chez nous, l'histoire de la petite Fleurance, ce goût des Provençaux pour le rire apparaît d'une exquise façon. Fleurance s'est mariée presque enfant à un chevalier qui l'a prise si jeunette, *la prén tan jouveneto se saup pas courdela*, qu'elle ne sait pas agrafer ses cordons. Mais, sitôt le mariage, voilà le seigneur de Fleurance obligé de partir en Palestine et de laisser sa petite femme toute seule. Sept ans se sont passés, sans que le chevalier ait donné signe de vie, quand un pèlerin à coquille et longue barbe se présente au pont du château. Il revient de chez les *Teurs*, il apporte des nouvelles du mari de Fleurance ; et, tout de suite, la jeune dame le fait entrer, le met à table en face d'elle.

Ce qu'il advint entre eux alors, je puis

vous le dire de deux façons ; car l'histoire de Fleurance, comme toutes les chansons populaires, a fait son tour de France dans la balle des colporteurs, et je l'ai retrouvée en Picardie avec une variante significative.

Dans la chanson picarde, au milieu du repas, la dame se met à pleurer.

« Vous pleurez, belle Fleurance ? » demande le pèlerin tout tremblant.

« Je pleure parce que je vous reconnais et que vous êtes mon cher mari... »

Au contraire la petite Fleurance provençale, à peine est-elle assise en face du pèlerin à grande barbe que, gentiment, elle *se n'en rit*. « Hé ! de quoi vous riez, Fleurance ? — *Té* ! je ris, parce que vous êtes mon mari. »

Et elle saute sur ses genoux en riant, et le pèlerin rit aussi dans sa barbe d'étoupe, car c'est comme elle un *galéjaïré*, ce qui ne les empêche pas de s'aimer tendrement à pleins bras, à pleines lèvres, de toute l'émotion de leurs cœurs fidèles.

Et moi aussi, je suis un *galéjaïré*. Dans

les brumes de Paris, dans l'éclaboussement de sa boue, de ses tristesses, j'ai peut-être perdu le goût et la faculté de rire; mais à lire Tartarin, on s'aperçoit qu'il restait en moi un fond de gaieté brusquement épanoui à la belle lumière de là-bas.

Certes, je conviens qu'il y avait autre chose à écrire sur la France algérienne que les *Aventures de Tartarin*; par exemple une étude de mœurs cruelle et vraie, l'observation d'un pays neuf aux confins de deux races et de deux civilisations, avec leur action réflexe, le conquérant conquis à son tour par le climat, par les mœurs molles, l'incurie, la pourriture d'Orient, matraque et chapardage, l'algérien Doineau et l'algérien Bazaine, ces deux parfaits produits du bureau arabe. Que de révélations à faire sur la misère de ces mœurs d'avant-garde, l'histoire d'un colon, la fondation d'une ville au milieu des rivalités de trois pouvoirs en présence, armée, administration, magistrature. Au lieu de tout cela je n'ai rien rapporté que *Tartarin*, un éclat de rire, une *galéjade*.

C'est vrai que nous faisions, mon compagnon et moi, un beau couple de jobards, débarquant en ceinture rouge et chechia flamboyante dans cette brave ville d'Alger où il n'y avait guère que nous deux de *Teurs*. De quel air recueilli, convaincu, Tartarin quittait ses énormes bottes de chasse à la porte des mosquées et s'avançait dans le sanctuaire de Mahomet, grave, les lèvres serrées, en chaussettes de couleur. Ah! il y croyait, celui-là, à l'Orient, et aux muezzins et aux almées, aux lions, aux panthères, aux dromadaires, à tout ce qu'avaient bien voulu lui raconter ses livres et que son imagination méridionale lui grandissait encore.

Moi, fidèle comme le chameau de mon histoire, je le suivais dans son rêve héroïque; mais, par instants, je doutais un peu. Je me rappelle qu'un soir, à l'Oued-Fodda, partant pour un affût au lion et traversant un camp de chasseurs d'Afrique avec tout notre accoutrement de houseaux, de fusils, révolvers, couteaux de chasse, j'eus la sensation aiguë du ridicule devant la stupeur muette des bons troupiers faisant leur soupe sur le front des tentes alignées. « Et s'il n'y avait pas de lion! »

Ce qui n'empêche qu'une heure après, la nuit venue, à genoux dans un bouquet de lauriers, fouillant l'ombre avec mes lunettes, pendant que des piaillements de grues passaient très haut dans l'air et que des chacals froissaient l'herbe autour de moi, je sentais grelotter mon fusil sur la garde du couteau de chasse fiché en terre.

J'ai prêté à Tartarin ce frisson de peur et les bouffonnes réflexions qui l'accompagnaient; mais c'est une grande injustice. Je vous jure bien que, si le lion était venu, le bon Tartarin l'aurait reçu, le rifle au poing, la dague haute; et si sa balle se fût perdue, son sabre faussé dans un corps à corps, il eût fini la lutte poil contre poil, étouffé le monstre entre ses bras à doubles muscles, déchiqueté de ses ongles, de ses dents, sans seulement cracher la peau; car c'était un rude homme au demeurant que ce chasseur de casquettes, et de plus un homme d'esprit qui a été le premier à rire de ma *galéjade* !

L'histoire de Tartarin ne fut écrite que

longtemps après mon voyage en Algérie. Le voyage est de 1861-62, le livre de 1869. Je commençai à le publier en variétés au *Petit Moniteur universel*, avec d'amusants croquis d'Emile Benassit. L'insuccès fut absolu. Le *Petit Moniteur* était un journal populaire, et le peuple n'entend rien à l'ironie imprimée qui le déroute, lui fait croire qu'on veut se moquer de lui. Rien ne saurait rendre le désappointement des abonnés du journal à un sou, si friands de *Rocambole* et de Ponson du Terrail, en lisant ces premiers chapitres de la vie de Tartarin, les romances, le baobab, désappointement qui allait jusqu'aux menaces de désabonnement, jusqu'aux injures personnelles. On m'écrivait : « Eh ! bien, oui... et puis après ? Qu'est-ce que ça prouve ? Imbécile ! » et l'on signait violemment. Le plus malheureux était Paul Dalloz qui avait fait de grands frais de publicité, de dessins, et payait cher une expérience. Après une dizaine de feuilletons, j'eus pitié de lui et portai *Tartarin* au *Figaro* où il fut mieux compris des lecteurs, mais se buta à d'autres mauvais vouloirs. Le secrétaire de la rédaction du *Figaro*, à cette époque, était Alexandre Duvernois, le frère de Clément Duvernois, ancien journaliste et ministre. Par grand hasard j'avais, neuf ans auparavant, au courant de ma joyeuse expédition, rencontré Alexandre Duvernois, alors modeste employé au bureau civil de Milianah, et gardant de cette époque un vrai culte pour la colonie. Irrité, révolté par la façon légère dont je parlais de sa chère Algérie, il ne pouvait empêcher la publication de *Tartarin*, mais il s'arrangea pour la morceler en lambeaux intermittents, prétextant l'horrible cliché de « l'abondance des matières », si bien que ce tout petit roman s'éternisa dans le journal presque autant que le *Juif-Errant* ou *les Trois Mousquetaires*. « Ça tire, ça tire... » grondait le faux-bourdon de Villemessant, et j'avais grand'peur d'être obligé d'interrompre encore une fois.

Puis, nouvelles tribulations. Le personnage de mon livre s'appelait alors Barbarin de Tarascon.

Or, il y avait justement à Tarascon une

vieille famille de Barbarin qui me menaça de papier timbré, si je n'enlevais son nom au plus vite de cette outrageante bouffonnerie. Ayant des tribunaux et de la justice une sainte épouvante, je consentis à remplacer Barbarin par Tartarin sur les épreuves déjà tirées qu'il fallut reprendre ligne à ligne dans une minutieuse chasse aux B. Quelques-uns ont dû m'échapper à travers ces trois cents pages; et l'on trouve dans la première édition des Bartarin, Tarbarin, et même tonsoir pour bonsoir. Enfin le livre parut, et réussit assez bien en librairie, malgré l'arôme très local et que tout le monde ne goûte pas. Il faut être du Midi ou le connaître beaucoup pour savoir combien ce type de Tartarin est fréquent chez nous, et que sous le grand soleil tarasconais qui les chauffe et les électrise, la cocasserie des crânes et des imaginations s'exagère en des développements monstrueux aussi variés de forme et de dimension que les cougourdes.

Jugé librement, à des années de distance, *Tartarin*, avec son allure débridée et folle, me semble avoir des qualités de jeunesse, de vie et de vérité; une vérité d'outre-Loire qui enfle, exagère, ne ment jamais, et tarasconne tout le temps. Le grain de l'écriture n'est pas très fin ni très serré. C'est ce que j'appelle de la « littérature debout », parlée, gesticulée, avec les allures débordantes de mon héros. Mais je dois avouer, quel que soit mon amour du style, de la belle prose harmonieuse et colorée, qu'à mon avis tout n'est pas là pour le romancier. Sa vraie joie restera de créer des êtres, de mettre sur pied à force de vraisemblance des types d'humanité qui circulent désormais par le monde avec le nom, le geste, la grimace qu'il leur a donnés et qui font parler d'eux, — qu'on les déteste ou qu'on les aime, — en dehors de leur créateur et sans que son nom soit prononcé. Pour ma part, mon émotion est toujours la même, quand à propos d'un passant de la vie, d'un des mille fantoches de la comédie politique, artistique ou mondaine, j'entends dire : « C'est un Tartarin... un Monpavon... un Delobelle. » Un frisson me passe alors, le frisson d'orgueil d'un père, caché dans la foule tandis qu'on applaudit son fils, et qui, tout le temps, a l'envie de crier : « C'est mon garçon ! »

Histoire de mes Livres

—

LETTRES DE MON MOULIN

Sur la route d'Arles aux carrières de Fontvielle, passé le mont de Corde et l'abbaye de Montmajour, se dresse vers la droite, en amont d'un grand bourg poudreux et blanc comme un chantier de pierres, une montagnette chargée de pins, d'un vert désaltérant dans le paysage brûlé. Des ailes de moulin tournaient dans le haut; en bas s'accote une grande maison blanche, le domaine de Montauban, originale et vieille demeure qui commence en château, large perron, terrasse italienne à pilastres, et se termine en murailles de *mas* campagnard, avec les perchoirs pour les paons, la vigne au-dessus de la porte, le puits dont un figuier enguirlande les ferrures, les hangars où reluisent les herses et les araires, le parc aux brebis devant un champ de grêles amandiers qui fleurissent en bouquets roses vite effeuillés au vent de mars. Ce sont les seules fleurs de Montauban. Ni pelouses, ni parterres, rien qui rappelle le jardin, la propriété enclose; seulement des massifs de pins dans le gris des roches, un parc naturel et sauvage, aux allées en fouillis, toutes glissantes d'aiguilles sèches. A l'intérieur, même disparate de manoir et de ferme, des galeries dallées et fraîches, meublées de canapés et de fauteuils Louis XVI, cannés et contournés, si commodes aux siestes estivales; larges escaliers, corridors pompeux où le vent s'engouffre et siffle sous les portes des chambres, agite leurs lampas à grandes raies de l'ancien temps. Puis, deux marches franchies, voici la salle rustique au sol battu, gondolé, que grattent les poules venues pour ramasser les miettes du déjeuner de la ferme, aux murs crépis soutenant des crédences en noyer, la *panière* et le pétrin ciselés naïvement.

Une vieille famille provençale habitait là, il y a vingt ans, non moins originale et charmante que son logis. La mère, bourgeoise de campagne, très âgée mais droite encore sous ses bonnets de veuve qu'elle n'avait jamais quittés, menant seule ce domaine considérable d'oliviers, de blés, de vignes, de mûriers; près d'elle, ses quatre fils, quatre vieux garçons qu'on désignait par les professions qu'ils avaient exercées ou exerçaient encore, le Maire, le Consul, le Notaire, l'Avocat. Leur père mort, leur sœur mariée, ils s'étaient serrés tous quatre autour de la vieille femme, lui faisant le sacrifice de leurs ambitions et de leurs goûts, unis dans l'exclusif amour de celle qu'ils appelaient leur « chère maman » avec une intonation respectueuse et attendrie.

Braves gens, maison bénie!... Que de fois, l'hiver, je suis venu là me reprendre à la nature, me guérir de Paris et de ses fièvres, aux saines émanations de nos petites collines provençales. J'arrivais sans prévenir, sûr de l'accueil, annoncé par la fanfare des paons, des chiens de chasse, Miracle, Miraclet, Tambour, qui gambadaient autour de la voiture, pendant que s'agitait la coiffe arlésienne de la servante effarée, courant avertir ses maîtres, et que la « chère maman » me serrait sur son petit châle à carreaux gris, comme si j'avais été un de ses garçons.

Cinq minutes de tumulte, puis les embrassades finies, ma malle dans ma chambre, toute la maison redevenait silencieuse et calme. Moi je sifflais le vieux Miracle, — un épagneul trouvé à la mer, sur une épave, par des pêcheurs de Faraman, — et je montais à mon moulin.

Une ruine, ce moulin; un débris croulant

de pierre, de fer et de vieilles planches, qu'on n'avait pas mis au vent depuis des années et qui gisait, les membres rompus, inutile comme un poète, tandis que tout autour sur la côte la meunerie prospérait et virait à toutes ailes. D'étranges affinités existent de nous aux choses. Dès le premier jour, ce déclassé m'avait été cher ; je l'aimais pour sa détresse, son chemin perdu sous les herbes, ces petites herbes de montagne grisâtres et parfumées avec lesquelles le père Gaucher composait son élixir, pour sa plate-forme effritée où il faisait bon s'acagnardir à l'abri du vent, pendant qu'un lapin détalait ou qu'une longue couleuvre aux détours froissants et sournois venait chasser les mulots dont la masure fourmillait. Avec son craquement de vieille bâtisse secouée par la tramontane, le bruit d'agrès de ses ailes en loques, le moulin remuait dans ma pauvre tête inquiète et voyageuse des souvenirs de courses en mer, de haltes dans des phares, des îles lointaines; et la houle frémissante tout autour complétait cette illusion. Je ne sais d'où m'est venu ce goût de désert et de sauvagerie, en moi depuis l'enfance, et qui semble aller si peu à l'exubérance de ma nature, à moins qu'il ne soit en même temps le besoin physique de réparer dans un jeûne de paroles, dans une abstinence de cris et de gestes, l'effroyable dépense que fait le méridional de tout son être. En tous cas, je dois beaucoup à ces retraites spirituelles; et nulle ne me fut plus salutaire que ce vieux moulin de Provence. J'eus même un moment l'envie de l'acheter; et l'on pourrait trouver chez le notaire de Fontvielle un acte de vente resté à l'état de projet, mais dont je me suis servi pour faire l'avant-propos de mon livre.

Mon moulin ne m'appartint jamais. Ce qui ne m'empêchait pas d'y passer de longues journées de rêves, de souvenirs, jusqu'à l'heure où le soleil hivernal descendait entre les petites collines rases dont il remplissait les creux comme d'un métal en fusion, d'une coulée d'or toute fumante. Alors, à l'appel d'une conque marine, la trompe de M. Séguin sonnant sa chèvre, je rentrais pour le repas du soir autour de la table hospitalière et fantaisiste de Montauban, servie selon les goûts et les habitudes de chacun : le vin de Constance du Consul à côté de l'*eau bouillie* ou de l'assiette de châtaignes blanches dont la vieille mère faisait son dîner frugal. Le café pris, les pipes allumées, les quatre garçons descendus au village, je restais seul à faire causer l'excellente femme, caractère énergique et bon, intelligence subtile, mémoire pleine d'histoires qu'elle racontait avec tant de simplicité et d'éloquence : des choses de son enfance, humanité disparue, mœurs évanouies, la cueillette du vermillon sur les feuilles des chênes-kermès, 1815, l'invasion, le grand cri d'allègement de toutes les mères à la chute du premier empire, les danses, les feux de joie allumés sur les places, et le bel officier cosaque en habit vert qui l'avait fait sauter comme une chèvre, farandoler toute une nuit sur le pont de Beaucaire. Puis son mariage, la mort de son mari, de sa fille aînée, que des pressentiments, un brusque coup au cœur lui révélaient à plusieurs lieues de distance, des deuils, des naissances, une translation de cendres chères quand on ferma le cimetière vieux. C'était comme si j'avais feuilleté un de ces anciens livres de maison, à tranches fatiguées, où s'inscrivait autrefois l'histoire morale des familles, mêlée aux détails vulgaires de l'existence courante, et les comptes des bonnes années de vin et d'huile à côté de véritables miracles de sacrifice et de résignation. Dans cette bourgeoise à demi rustique, je sentais une âme bien féminine, délicate, intuitive, une grâce malicieuse et ignorante de petite fille. Fatiguée de parler, elle s'enfonçait dans son grand fauteuil, loin de la lampe; l'ombre d'une nuit tombante fermait ses paupières creuses, envahissait son vieux visage aux grandes lignes, ridé, crevassé, raviné par le soc et la herse ; et muette, immobile, j'aurais pu croire qu'elle dormait, sans le cliquetis de son chapelet que ses doigts égrenaient au fond de sa poche. Alors je m'en allais doucement finir ma soirée à la cuisine.

Sous l'auvent d'une cheminée gigantesque où la lampe de cuivre pendait accrochée, une nombreuse compagnie se serrait devant un feu clair de pieds d'oliviers, dont la flamme irrégulière éclairait bizarrement les coiffes pointues et les vestes de cadis jaune. A la place d'honneur, sur la pierre du foyer, le berger accroupi, le menton ras, le cuir tanné, son *cachimbau* (pipe courte) au coin de la bouche finement dessinée, parlait à peine, ayant pris l'habitude du silence contemplatif dans ses longs mois de transhumance sur les Alpes dauphinoises,

en face des étoiles qu'il connaissait toutes, depuis *Jen de Milan* jusqu'au *Char des âmes* Entre deux bouffées de pipe, il jetait en son patois sonore des sentences, des paraboles inachevées, de mystérieux proverbes dont j'ai retenu quelques-uns.

« *La chanson de Paris, la plus grande pitié du monde... L'homme par la parole et le bœuf par la corne... Besogne de singe, peu et mal... Lune pâle, l'eau dévale... Lune rouge, le vent bouge... Lune blanche, journée franche.* » Et tous les soirs le même centon avec lequel il levait la séance : « *Au plus la vieille allait, au plus elle apprenait, et pour ce, mourir ne voulait.* »

Près de lui, le garde Mitifio dit Pistolet, aux yeux farceurs, à la barbiche blanche, amusait la veillée d'un tas de contes, de légendes, que ravivait chaque fois sa pointe railleuse et gamine, bien provençale. Quelquefois, au milieu des rires soulevés par une histoire de Pistolet, le berger disait très grave: « Si pour avoir la barbe blanche on était réputé sage, les chèvres le devraient être. » Il y avait encore le vieux Siblet, le cocher Dominique, et un petit bossu surnommé *lou Roudéirou* (le Rôdeur), une sorte de farfadet, d'espion de village, regards aigus perçant la nuit et les murailles, âme coléreuse, dévorée de haines religieuses et politiques.

Il fallait l'entendre raconter et imiter le vieux Jean Coste, un rouge de 93, mort depuis peu et jusqu'au bout fidèle à ses croyances. Le voyage de Jean Coste, vingt lieues à pied pour aller voir guillotiner le curé et les deux *secondaires* (vicaires) de son village. « C'est que, mes enfants, quand je les vis passer leurs têtes à la lunette — et ça ne leur allait pas de passer leurs têtes à la lunette — eh! nom d'un Dieu, tout de même, j'eus du plaisir.... *taben aguéré dé plesi...*» Jean Coste, tout grelottant, chauffant sa vieille carcasse à quelque mur embrasé de lumière et disant aux garçons autour de lui : « Jeunes gens, avez-vous lu Volney ?... *Jouven auès legi Voulney?* Celui-là prouve mathématiquement qu'il n'y a pas d'autre Dieu que le soleil!... *Gès dé Diou, doum dé Liou! rèn qué lou souleù!* » Et ses jugements sur les hommes de la Révolution : « Marat, bonhomme... Saint-Just, bonhomme... Danton aussi, bonhomme... Mais, sur la fin, il s'était gâté, il était tombé dans le modérantisme... *dins lou mouderantismo!* » Et l'agonie de Jean Coste dressé en spectre sur son lit  et parlant français une fois dans sa vie pour jeter au visage du prêtre : « Retire-toi, corbeau... la charogne il n'est pas encore morte... » Si terriblement le petit bossu accentuait ce dernier cri que les femmes poussaient des « Aïe!... bonne mère!... » et que les chiens endormis s'éveillaient, grondant en sursaut vers la porte battue par la plainte du vent de nuit, jusqu'à ce qu'une voix féminine, aiguë et fraîche, entonnât pour dissiper la fâcheuse impression quelque Noël de Saboly : « *J'ai vu dans l'air — un ange tout vert — qui avait de grand's ailes — dessus ses épaules...* » ou bien l'arrivée des mages à Bethléem :

« *Voici le roi Maure — avec ses yeux tout trévirés ; — l'enfant Jésus pleure, — le roi n'ose plus entrer...* » un air naïf et vif de galoubet que je notais avec toutes les images, expressions, traditions locales ramassées dans la cendre de ce vieux foyer.

Souvent aussi ma fantaisie rayonnait en petits voyages autour du moulin. C'était une partie de chasse ou de pêche en Camargue, vers l'étang du Vacarès, parmi les bœufs et les chevaux sauvages librement lâchés dans ce coin de pampas.
Un autre jour, j'allais rejoindre mes amis les poètes provençaux, les Félibres. A cette époque, le Félibrige n'était pas encore érigé en institution académique. Nous étions aux premiers jours de l'*Eglise*, aux heures ferventes et naïves, sans schismes ni rivalités. A cinq ou six bons compagnons, rires d'enfants, dans des barbes d'apôtres, on avait rendez-vous tantôt à Maillane, dans

le petit village de Frédéric Mistral, dont me séparait la dentelle rocheuse des Alpilles; tantôt à Arles, sur le forum, au milieu d'un grouillement de bouviers et de pâtres venus pour se louer aux gens des *Mas*. On allait aux Aliscamps écouter, couchés dans l'herbe parmi les sarcophages de pierre grise, quelque beau drame de Théodore Aubanel, tandis que l'air vibrait de cigales et que sonnaient ironiquement derrière un rideau d'arbres pâles les coups de marteau des ateliers du P.-L.-M. Après la lecture, un tour sur la Lice pour voir passer sous ses guimpes blanches et sa coiffe en petit casque la fière et coquette Arlésienne pour qui le pauvre Jan s'est tué par amour. D'autres fois, nos rendez-vous se donnaient à la Ville des Baux, cet amas poudreux de ruines, de roches sauvages, de vieux palais écussonnés, s'effritant, branlant au vent comme un nid d'aigle sur la hauteur d'où l'on découvre après des plaines et des plaines, une ligne d'un bleu plus pur, étincelant, qui est la mer. On soupait à l'auberge de Cornille; et tout le soir, on errait en chantant des vers au milieu des petites ruelles découpées, de murs croulants, de restes d'escaliers, de chapiteaux découronnés, dans une lumière fantômale qui frisait les herbes et les pierres comme d'une neige légère. « Des poètes, *anén*!.. » disait maître Cornille.. » De ces personnes qui z'aiment à voir les ruines au clair de lune. »

Le Félibrige s'assemblait encore dans les roseaux de l'île de la Barthelasse, en face des remparts d'Avignon et du palais papal, témoin des intrigues, des aventures du petit Vedène. Puis, après un déjeuner dans quelque cabaret de marine, on montait chez le poète Anselme Mathieu à Châteauneuf-des Papes, fameux par ses vignes qui furent longtemps les plus renommées de Provence. Oh! le vin des papes, le vin doré, royal, impérial, pontifical, nous le buvions, là-haut sur la côte, en chantant des vers de Mistral, des fragments nouveaux des *Iles d'or*. « En Arles, au temps des fades — florissait — la reine Ponsirade — un rosier... » ou encore la belle chanson de mer : « Le bâtiment vient de Mayorque — avec un chargement d'oranges... » Et l'on pouvait s'y croire à Mayorque, devant ce ciel embrasé, ces pentes de vignobles, étayées de murtins en pierre sèche, parmi les oliviers, les grenadiers, les myrtes. Par les fenêtres ouvertes, les rimes partaient en vibrant comme des abeilles ; et l'on s'envolait derrière elles, des jours entiers, à travers ce joyeux pays du Comtat, courant les *votes* et les ferrades, faisant des haltes dans les bourgs, sous les platanes du Cours et de la Place, et du haut du char à banc qui nous portait, à grand tapage de cris et de gestes, distribuant l'orviétan au peuple assemblé. Notre orviétan, c'étaient des vers provençaux, de beaux vers dans la langue de ces paysans qui comprenaient et acclamaient les strophes de *Mireîlle*, la *Vénus d'Arles* d'Aubanel, une légende d'Anselme Mathieu ou de Roumanille, et reprenaient en chœur avec nous la chanson du soleil : *Grand soleil de*

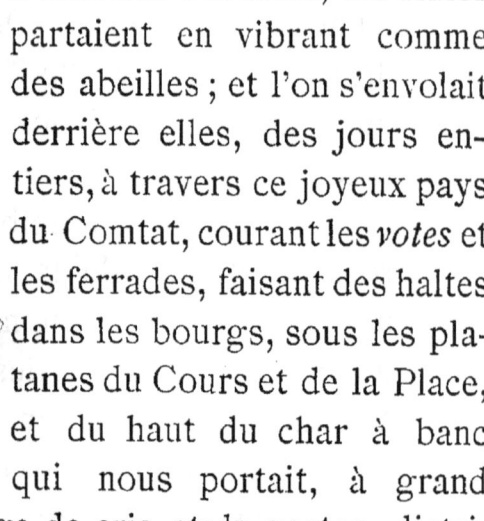

la Provence, — *gai compère du mistral,* — *toi qui siffles la Durance* — *comme un coup de vin de Crau...* Le tout se terminait par quelque bal improvisé, une farandole, garçons et filles en costume de travail, et les bouchons sautaient sur les petites tables, et s'il se trouvait une vieille marmoteuse d'oraisons pour critiquer nos gaîtés de libre allure, le beau Mistral, fier comme le roi David, lui

disait du haut de sa grandeur : « Laissez, laissez, la mère... les poètes, tout leur est permis... » Et confidentiellement, clignant de l'œil à la vieille qui s'inclinait, respectueuse, éblouie : « *Es nautré qué fasen li saumé...* C'est nous qui faisons les psaumes... »

Et comme c'était bon, après une de ces escapades lyriques, de revenir au moulin se reposer sur l'herbe de la plate-forme, songer au livre que j'écrirais plus tard avec tout cela, un livre où je mettrais le bourdonnement qui me restait aux oreilles de ces chants, de ces rires clairs, de ces féeriques légendes, un reflet aussi de ce soleil vibrant, le parfum de ces collines brûlées, et que je daterais de ma ruine aux ailes mortes.

Les premières *Lettres de mon moulin* ont paru vers 1866 dans un journal parisien où ces chroniques provençales, signées d'abord d'un double pseudonyme emprunté à Balzac « Marie-Gaston », détonnaient avec un goût d'étrangeté. Gaston, c'était mon camarade Paul Arène qui, tout jeune, venait de débuter à l'Odéon par un petit acte étincelant d'esprit, de coloris, et vivait tout près de moi, à l'orée du bois de Meudon. Mais quoique ce parfait écrivain n'eût pas encore à son acquit *Jean des Figues*, ni *Paris ingénu*, ni tant de pages délicates et fermes, il avait déjà trop de vrai talent, une personnalité trop réelle pour se contenter longtemps de cet emploi d'aide-meunier. Je restai donc seul à moudre mes petites histoires, au caprice du vent, de l'heure, dans une existence terriblement agitée. Il y eut des intermittences, des cassures ; puis, je me mariai et j'emmenai ma femme en Provence pour lui montrer mon moulin. Rien n'avait changé là-bas, ni le paysage ni l'accueil. La vieille mère nous serra tous deux tendrement contre son petit châle à carreaux, et l'on fit, à la table des garçons, une petite place pour la *novio*. Elle s'assit à mon côté sur la plate-forme du moulin où la tramontane, voyant venir cette Parisienne ennemie du soleil et du vent, s'amusait à la chiffonner, à la rouler, à l'emporter dans un tourbillon comme la jeune Tarentine de Chénier. Et c'est au retour de ce voyage que, repris par ma Provence, je commençai au *Figaro* une nouvelle série des *Lettres de mon moulin*, *les Vieux*, *la Mule du pape*, *l'Élixir du père Gaucher*, etc., écrits à Champrosay, dans cet atelier d'Eugène Delacroix dont j'ai déjà parlé pour l'histoire de *Jack* et de *Robert Helmont*. Le volume parut chez Hetzel en 1869, se vendit péniblement à deux mille exemplaires, attendant, comme les autres œuvres de mon début, que la vogue des romans leur fit un regain de vente et de publicité. N'importe! c'est encore là mon livre préféré, non pas au point de vue littéraire, mais parce qu'il me rappelle les plus belles heures de ma jeunesse, rires fous, ivresses sans remords, des visages et des aspects amis que je ne reverrai plus jamais.

Aujourd'hui Montauban est désert. La chère maman est morte, les garçons dispersés, le vin de Châteauneuf rongé jusqu'à la dernière grappe. Où Miracle et Miraclet, Siblet, Mitifio, le Roudéirou? Si j'allais là-bas, je ne trouverais plus personne. Seulement les pins, me dit-on, ont beaucoup grandi; et sur leur houle verte scintillante, restauré, rentoilé comme une corvette à flot, mon moulin vire dans le soleil, poète remis au vent, rêveur retourné à la vie.

PREMIÈRE PIÈCE

Oh! qu'il y a longtemps de cela. J'étais loin, bien loin de Paris, en pleine joie, en pleine lumière, tout au bout de l'Algérie, dans la vallée du Chélif, un beau jour de février 1862. Une plaine de trente lieues que borde à droite et à gauche une double ligne de montagnes, transparentes dans le brouillard d'or et violettes comme l'améthyste. Des lentisques, des palmiers nains, des torrents à sec dont le lit caillouteux est encombré de lauriers roses; de loin en loin un caravansérail, un village arabe, sur la hauteur quelque marabout, peint à la chaux, éblouissant, pareil à un gros dé coiffé d'une moitié d'orange; et çà et là, dans l'étendue blanche de soleil, de mouvantes taches sombres qui sont des troupeaux, et que l'on prendrait, n'était le bleu profond et immaculé du ciel, pour les ombres portées de grands nuages en marche. Nous avions chassé toute la matinée; puis, la chaleur de l'après-midi se trouvant trop forte, mon ami le bachaga Boualem avait fait dresser la tente. Un des pans relevés portait sur des piquets et formait marquise; tout l'horizon entrait par là. Devant, les chevaux entravés baissaient la tête, immobiles; les grands lévriers dormaient couchés en rond; à plat ventre dans le sable, au milieu de ses petits pots, notre cafetier préparait le moka sur un maigre feu de ramilles sèches dont la fumée mince montait droit; et nous roulions de grosses cigarettes sans rien nous dire, Boualem-Ben-Cherifa, ses amis Si-Sliman, Sid'Omar, l'aga des Ataf et moi, étendus sur des divans, dans l'ombre de la tente blanche que le soleil extérieur faisait blonde, découpant en transparence sur la toile le croissant symbolique et l'empreinte de la main sanglante, ornements obligés de toutes les demeures arabes.

Une après-midi délicieuse et qui aurait dû ne jamais finir! Une de ces heures d'or qui se détachent encore après vingt-quatre ans, lumineuses comme au premier jour, sur le fond grisaille de la vie. Et voyez combien illogique et perverse est notre triste nature humaine. Aujourd'hui encore, je ne saurais songer à cette sieste sous la tente, sans regret et sans nostalgie; mais, là-bas, il faut bien que je l'avoue, là-bas je regrettais Paris.

Oui! je regrettais Paris, que ma santé fort compromise par cinq ans de noviciat littéraire m'avait obligé de quitter brusquement, je regrettais Paris pour les choses aimées que j'y laissais, pour ses brumes et pour son gaz, pour ses journaux, ses livres nouveaux, pour les discussions au café, le soir, ou sous le péristyle des théâtres, pour cette belle fièvre d'art et ce perpétuel enthousiasme, qui ne m'apparaissaient alors que par leurs côtés sincères ; je le regrettais surtout pour ma pièce, — ma première pièce ! — dont la réception au théâtre de l'Odéon m'avait été annoncée le jour même de mon départ. Certes, le paysage que je contemplais était beau, et son cadre d'une

singulière poésie ; mais j'aurais échangé volontiers l'Algérie et l'Atlas, Boualem et ses amis, le bleu du ciel, le blanc des marabouts et le rose des lauriers-roses, contre la grise colonnade de l'Odéon, et le petit couloir de l'entrée des artistes, et le cabinet de Constant, le concierge homme de goût, tout tapissé d'autographes de comédiens et de portraits de comédiennes en costumes. Eh, quoi ! j'étais là subitement en Algérie, à mener l'existence d'un grand seigneur des temps héroïques, quand j'aurais pu passer triomphant, avec l'allure hypocritement modeste de l'auteur nouveau qu'on va jouer, dans ces corridors rébarbatifs qui m'avaient vu tremblant et timide ! Je m'acoquinais à la société des chefs arabes, pittoresques sans doute, mais de conversation insuffisante, quand le souffleur, les machinistes et le directeur, et le régisseur,

et toute la tribu innombrable des comédiennes trop plâtrées et des comédiens à menton bleu s'occupaient de mon œuvre! Je respirais l'arome pénétrant et frais des bois d'orangers baisés par la brise, quand il ne tenait qu'à moi de délecter mes narines à l'odeur de moisi et de renfermé, particulièrement suave, qu'exhalent les murs de théâtres! Et la cérémonie de la lecture aux acteurs, la carafe et le verre d'eau, le manuscrit brillant sous la lampe? Et les répétitions, au foyer d'abord, autour de la haute cheminée, puis sur la scène, la scène aux profondeurs insondables, mystérieuse, tout encombrée de charpentes et de décors en face de la salle vide, sonore comme un caveau et glaciale à voir, avec son grand lustre voilé, et ses loges, et ses avant-scènes, ses fauteuils recouverts de housses en lustrine grise? Après, ce serait la première représentation, la façade du théâtre versant sur la place l'éclat joyeux de ses cordons de gaz, les voitures qui arrivent, la foule au contrôle, l'attente anxieuse dans un café, en face, tout seul avec un fidèle ami, et le grand coup d'émotion frappant sur le cœur comme sur un timbre, à l'heure où les silhouettes en habit noir, très animées, se détachant sur la glace sans tain du foyer, annoncent que la toile tombe, et qu'au milieu des applaudissements ou des huées le nom de l'auteur vient d'être proclamé. — « Allons! dit l'ami, du courage ; il faut maintenant voir comment les choses se sont passées, remercier les acteurs, serrer la main aux camarades qui attendent impatiemment au café Tabourey, dans la petite salle... » — Et voilà le rêve que je faisais tout éveillé, sous la tente, dans l'assoupissante chaleur d'un beau mois d'hiver africain, tandis qu'au lointain, parmi les feux obliques du soleil descendu, un puits — blanc tout à l'heure — se colorait en rose et qu'on entendait pour seul bruit, dans le grand silence de la plaine, le tintement d'une clochette et les appels mélancoliques des bergers.

Rien d'ailleurs ne venait troubler ma rêverie. Mes hôtes savaient bien, à eux quatre, vingt mots de français ; moi, à peine dix mots d'arabe. Le compagnon qui m'avait amené et qui me servait ordinairement d'interprète (un Espagnol, marchand de grains, dont j'avais fait la connaissance à Milianah) n'était pas là, s'obstinant à poursuivre la chasse ; de sorte que nous fumions nos grosses cigarettes en silence, tout en buvant des gorgées de noir café maure dans les microscopiques petites tasses que supporte un coquetier en filigrane d'argent.

Tout à coup, un grand brouhaha : les

chiens aboient, les serviteurs courent, un long diable de spahi en burnous rouge arrête son cheval, net des quatre pieds, devant la tente : — « Sidi Daoudi ? »

C'était une dépêche venue de Paris, et qui me suivait ainsi à la piste de douar en

douar, depuis Milianah. Elle contenait ces simples mots : — « Pièce jouée hier, grand succès, Rousseil et Tisserant magnifiques. »

Je la lus et la relus, cette bienheureuse dépêche, vingt fois, cent fois, comme on fait d'une lettre d'amour. Songez! ma première pièce... Voyant mes mains trembler d'émotion, et le bonheur luire dans mes yeux, les agas me souriaient et se parlaient entre eux en arabe. Le plus savant fit même appel à toute sa science pour me dire : « France... nouvelles... famille?... » Eh! non, ce n'étaient pas des nouvelles de ma famille qui me faisaient battre ainsi le cœur délicieusement. Et ne pouvant m'habituer à cette idée de n'avoir personne à qui faire part de ma joie, je me mis en tête d'expliquer, avec les quatre mots d'arabe que je savais et les vingt mots de français que je les supposais savoir, ce qu'est un théâtre, et l'importance d'une première représentation parisienne, à l'aga des Ataf, à Sid'Omar, à Si-Sliman, à Boualem Ben-Cherifa. Travail ardu, comme bien l'on pense! Je cherchais des comparaisons, je multipliais les gestes, je brandissais la pelure bleue de la dépêche en disant : Karagueuz! Karagueuz! comme si mon attendrissant petit acte, fait pour toucher les cœurs et tirer les larmes vertueuses, avait eu quelque rapport avec les effroyables atellanes où se complaît le monstrueux polichinelle turc ; comme si on pouvait sans blasphème comparer le classique Odéon aux repaires clandestins de la haute ville maure, dans lesquels, chaque soir, malgré les défenses de la police, les bons musulmans vont se délecter au spectacle des lubriques prouesses de leur héros favori !

Ce sont là mirages du pays d'Afrique. A Paris, la désillusion m'attendait. Car je retournai à Paris, j'y retournai tout de suite, et plus tôt que la prudence et la Faculté n'auraient voulu. Mais que m'importaient la brume et la neige que j'allais chercher, que m'importait le tiède azur que je laissais là-bas, en arrière? Voir ma pièce, il n'y avait plus que cela... Embarqué! débarqué! je brûle Marseille, et me voilà en wagon, grelottant avec ivresse. J'arrivai à Paris, le soir, vers les six heures, il faisait nuit. Je ne dînai pas : « Cocher, à l'Odéon ! » O jeunesse !

Le rideau allait se lever quand je m'établis dans ma stalle. La salle avait un air étrange ; c'était le mardi-gras, on dansait toute la nuit à Bullier, et pas mal d'étudiants et d'étudiantes étaient venus passer deux heures au théâtre en costume de bal masqué. Il y avait des chicards, des folies, des polichinelles, des pierrettes et des pierrots. — « Dur, très dur, pensais-je dans mon coin, de faire pleurer des polichinelles ! » Ils pleurèrent pourtant, ils pleurèrent si fort, que les paillettes de leurs bosses où la lumière s'accrochait semblaient autant de larmes brillantes. J'avais à ma droite une folie dont l'émotion à toute minute faisait frémir le bonnet à grelots, et à ma gauche une pierrette, grosse dondon au cœur sensible, comique à voir dans son attendrissement, avec deux grosses sources qui jaillissaient de ses gros yeux et dégringolaient en double sillon dans la farine de ses joues. Décidément, la dépêche ne m'avait pas menti : mon petit acte obtenait un succès énorme. Pendant ce temps-là, moi, l'auteur, j'aurais voulu être à cent pieds sous terre. La pièce que ces braves gens applaudissaient, je la trouvais infâme, odieuse. O misère! c'était là ce que j'avais rêvé, ce gros homme qui, pour paraître paterne et vertueux, s'était fait la tête de Béranger! J'étais injuste, bien entendu : Tisserant et Rousseil, tous deux artistes de grande valeur, jouaient aussi bien qu'on peut jouer, et leur talent n'était pas pour peu de chose dans mon succès. Mais la désillusion était trop forte, la différence trop grande entre ce que j'avais cru écrire et ce qui se montrait maintenant, avec toutes ses rides visibles, tous ses trous éclairés au jour sans pitié de la rampe; et je souffrais réellement de voir mon idéal ainsi empaillé. Malgré l'émotion, malgré les bravos, je me sentais pris d'un indicible sentiment de honte et de gêne. Des bouffées chaudes, d'ardentes rougeurs me passaient sur les joues. Il me semblait que tout ce public de carnaval se raillait de moi, devait me connaître. Suant, souffrant, perdant la tête, je doublais les gestes des acteurs. J'aurais voulu les faire marcher plus vite, parler plus vite, brûler phrases et planches pour que mon supplice fût plus vite fini. Quel soulagement, la toile tombée, et que je m'enfuis vite, rasant les murs, le collet relevé, honteux et furtif comme un voleur !

HENRI ROCHEFORT

Vers 1859, je fis connaissance d'un bon garçon, petit employé aux bureaux de l'hôtel de ville. Il s'appelait Henri Rochefort, mais ce nom, alors, ne disait rien. Rochefort vivait d'une vie modeste et très rangée, habitant avec ses parents la vieille rue des Deux-Boules, à portée de son travail, dans ce grouillant quartier Saint-Denis, tout envahi par le commerce et l'article Paris, avec ses maisons à boutiques, du haut en bas bariolées d'enseignes, les échantillons étalés, les cadres accrochés au coin des portes : *Plumes et fleurs, bijoux en faux, fafiots et paillons, perles soufflées ;* des métiers à tous les étages, un bruit continu de travail tombant des fenêtres dans la rue ; des camions qu'on charge, des paquets qu'on ficelle, des commis courant plume sur l'oreille ; une ouvrière en sarrau qui passe, gardant des rognures d'or dans les cheveux ; et, de loin en loin, quelque riche hôtel transformé en magasins de dépôt, dont le blason et les sculptures reportent votre pensée à deux siècles et font rêver de valets enrichis, de financiers cousus d'or, du comte de Horn, du régent, de Law, du Mississipi, du Système, de l'époque enfin où, dans ces rues aujourd'hui commerçantes et bourgeoises, montaient et descendaient d'heure en heure les plus invraisemblables fortunes, au flux de fièvre et d'or sortant avec une impassibilité de marée de cette étroite fente puante, toute voisine, qui s'appelle encore la rue

Quincampoix! Mon ami Rochefort était un peu comme sa rue et faisait bon marché de son passé. On le savait noble, fils d'un comte; il semblait ignorer cela, se laissant appeler Rochefort tout court; et cette simplicité américaine ne laissait pas de m'impressionner, moi tout frais débarqué de notre vaniteux Midi légitimiste.

M. de Rochefort le père appartenait à cette génération des hommes jeunes en 1830 dont la révolution de Juillet était venue barrer l'avenir et interrompre la carrière. Génération particulièrement aimable et spirituelle, conservant comme un parfum d'ancien régime dans l'atmosphère du règne de Louis-Philippe, boudant la royauté nouvelle sans bouder la France cependant, attachée à la branche aînée, mais sachant trop bien que toute restauration était impossible avant longtemps pour que son loyalisme sceptique et désintéressé affichât jamais la sombre humeur du fanatique ou du sectaire. Tandis que les uns s'amusaient à bombarder les Tuileries à coups de bouchons de champagne, ou protestaient contre la platitude des mœurs bourgeoises en descendant à grand fracas, parmi les cris des masques et le vacarme des grelots, le pavé légendaire de la Courtille; d'autres, moins écervelés ou plus pauvres, essayaient de se créer par le travail des ressources qu'ils ne pouvaient plus espérer de la bonne grâce d'une royauté. Ainsi fit M. de Lauzanne, que nous avons vu passer naguère encore souriant et vert, toujours portant beau malgré son grand âge, toujours gentilhomme malgré son métier de vaudevilliste et le surnom de père Lauzanne que la familiarité affectueuse de ses confrères lui avait donné; ainsi dut faire le père de Rochefort, très lancé en son temps parmi la bruyante jeunesse royaliste et ami particulier de l'ex-garde du corps *Choca*. Courant volontiers les coulisses, Rochefort, le père, comme Lauzanne, une fois la mauvaise saison venue, se rappela le chemin du théâtre et y retourna, mais pour en vivre. Tout amateur renferme en soi un auteur, et la pente est facile entre applaudir des pièces et essayer d'en écrire. M. de Rochefort-Luçay écrivit donc des pièces et se fit vaudevilliste.

Ces détails n'étaient pas inutiles, parce qu'ils peuvent servir à nous donner une idée

de ce que fut l'enfance de Rochefort. Enfance curieuse, caractéristique, bien parisienne, tout entière écoulée entre le lycée et ce monde des théâtres, plus patriarcal qu'on ne pense, ces cafés d'auteurs et d'acteurs où son père l'amenait le dimanche, et où l'on entend, au lieu des brindisi orgiaques rêvés par les provinciaux, le bruit sec des dés jetés sur la table du jacquet ou des dominos qu'on remue. Rochefort fut donc le collégien, fils d'artiste ou d'homme de lettres, dont nous avons tous connu le type, initié dès l'enfance aux secrets de coulisses, appelant les acteurs célèbres par leur nom, au courant des pièces nouvelles, donnant en cachette des billets de spectacle à son pion et acquérant ainsi le privilège d'élucubrer impunément au fond du pupitre, entre un lézard apprivoisé et une pipe, un tas de chefs-d'œuvre dramatiques ou autres qu'on va porter, les jours de sortie, le képi sur l'œil et le cœur battant à faire sauter les boutons de la tunique, dans les boîtes de journaux jamais ouvertes et chez les narquois portiers de théâtre. La destinée de ces collégiens-là est toute réglée : à vingt ans, ils entrent dans une administration quelconque, ministère ou bureaux de la ville, et continuent à faire de la littérature souterraine au fond d'un pupitre, en se cachant de leurs chefs comme ils se cachaient de leurs professeurs. Rochefort n'avait pas échappé au sort commun. Après avoir tâté de la haute littérature et envoyé infructueusement à tous les concours poétiques de France je ne sais combien de sonnets et d'odes, il usait, lorsque je le connus, les plumes et le papier de la municipalité parisienne à écrire de petits comptes-rendus de théâtre pour le *Charivari*, qui renouvelait sa rédaction et essayait de s'infuser un sang plus jeune.

Bien que je ne pusse deviner ce que serait un jour Rochefort, sa physionomie d'abord m'intéressa. Ce n'était évidemment pas celle de quelqu'un fait pour s'accommoder longtemps de cette existence d'employé, réglée par le va-et-vient des heures de bureau comme au tic-tac exaspérant d'un coucou de la Forêt-Noire. Vous connaissez cette tête étrange, telle alors qu'elle est restée depuis, ces cheveux en flamme de punch sur un front trop vaste, à la fois boîte à migraine et réservoir d'enthousiasme, ces yeux noirs et creux luisant dans l'ombre, ce nez sec et droit, cette bouche amère, enfin toute cette face allongée par une barbiche en pointe de toupie et qui fait songer invinciblement à un don Quichotte sceptique ou à un Méphistophélès qui serait doux. Très maigre, il portait un diable d'habit noir trop serré et avait l'habitude de tenir toujours les deux mains fourrées dans les poches de son pantalon. Déplorable habitude qui le faisait paraître plus maigre encore qu'il n'était, accentuant terriblement l'anguleux des coudes et l'étroitesse des épaules. Il était généreux et bon camarade, capable des plus grands dévouements et, sous une apparence de froideur, nerveux et facilement irritable. Il eut un jour, à la suite de je ne sais plus quel article, une affaire avec le directeur du journal *le Gaulois*. Le *Gaulois* d'alors (car le titre d'un journal en France a plus d'incarnations que Bouddha et passe dans plus de mains que la fiancée du roi de Garbe), le *Gaulois* d'alors était une de ces éphémères feuilles de chou comme il en pousse entre les pavés aux alentours des cafés de théâtres

et des brasseries littéraires. Son directeur, petit homme court, joyeux, spirituel, rose et rond, s'appelait Delvaille, autant que je me rappelle, et signait Delbrecht trouvant sans doute ce nom plus joli. Delvaille ou Delbrecht, comme il vous plaira, avait provoqué Rochefort. Rochefort aurait souhaité le pistolet, non qu'il fût un tireur bien terrible, seulement il avait quelquefois gagné des macarons dans les foires ; quant à l'épée, ni de près ni de loin il ne se souvenait d'en avoir jamais vu. Delvaille, en sa qualité d'offensé, avait le choix des armes et prit l'épée. — « C'est bon dit Rochefort, je me battrai à l'épée. » On fit la répétition du duel dans la chambre de Pierre Véron. Rochefort consentait bien à être tué, mais il ne voulait pas paraître ridicule. Véron avait donc fait venir un grand diable de sergent-major aux zouaves, coupé en deux depuis à Solferino, et fort expert en fait de saluts, d'attitudes et de belles manières à la mode dans les salles d'armes de casernes :
— « Après vous... — Je n'en ferai rien. — Par obéissance. — Faites, monsieur. » Au

bout de dix minutes d'escrime, Rochefort en eût remontré, pour la grâce, au plus moustachu la Ramée. Les deux champions se rencontrèrent le lendemain, entre Paris et Versailles, dans ces délicieux bois de Chaville que nous connaissions bien, y allant souvent le dimanche, pour des passe-temps moins guerriers. Il tombait ce jour-là une petite pluie fine et froide qui faisait des bulles sur l'étang et voilait d'un léger brouillard le cirque vert des collines, la pente d'un champ labouré et les rouges éboulements d'une sablonnière. Les combattants mirent chemise bas, malgré la pluie, et, sans la gravité de la circonstance, on eût été tenté de rire en voyant face à face ce petit homme, gras et blanc, sous un gilet de flanelle liséré de bleu à l'entournure des manches, tombant en garde correctement comme sur la planche, et Rochefort, long, sec, jaune, macabre et cuirassé d'os au point de faire douter qu'il y eût sur lui place pour une piqûre d'épée. Malheureusement, il avait dans la nuit oublié toutes les belles leçons du sergent-major, tenait son arme comme un cierge, poussait comme un sourd, se découvrait. Dès

la première passe, il reçut un coup droit qui glissa sur le plat des côtes. L'épée avait piqué, mais si peu ! Ce fut sa première affaire.

Je n'étonnerai personne en disant que, dès cette époque, Rochefort avait de l'esprit ; mais c'était une sorte d'esprit en dedans, d'essence particulière, consistant surtout en mots coupants longtemps ruminés, en associations d'idées stupéfiantes d'imprévu, en cocasseries monumentales, en plaisanteries froides et féroces, qu'il lâchait, les dents serrées, avec la voix de Cham, dans le rire silencieux de Bas-de-Cuir. Par malheur, cet esprit restait gelé, inutile. C'étaient là choses bonnes à dire, pour rire un peu entre copains ; mais les écrire, les imprimer, se ruer à travers la littérature en aussi furieuses cabrioles, voilà ce qui paraissait impossible, Rochefort s'ignorait ; ce fut un hasard, un accident, comme presque toujours, qui vint le révéler à lui-même. Il avait pour ami, pour inséparable compagnon, un assez singulier fantoche dont le nom évoquera certainement un sourire chez ceux de mon âge qui se rappelleront l'avoir connu. On l'appelait Léon Rossignol. Vrai type du fils de septuagénaire ; on peut dire qu'il était né vieux. Long et pâle comme une salade qui file dans une cave, à dix-huit ans il prisait avec frénésie, toussait, crachait et s'appuyait d'un air digne sur des cannes de bon papa. Pétri d'éléments difficilement conciliables, ou plutôt ayant en lui quelque chose de détraqué, ce brave garçon, chose étonnante! avait horreur des coups et l'amour des querelles. Insolent et poltron comme Panurge, il était homme à provoquer sans motif un carabinier dans la rue, sauf — si le carabinier prenait mal la plaisanterie — à se précipiter sur les genoux et à demander grâce avec des exagérations d'humilité telles que l'insulté ne savait vraiment plus s'il fallait rire ou se fâcher. Un grand enfant en somme, faible et maladif, que Rochefort aimait pour son bagout canaille, spirituellement faubourien, et qu'il sauva plus d'une fois des conséquences qu'auraient pu avoir pour son dos certaines farces par trop hasardées. Rossignol, comme Rochefort, était employé à l'hôtel de ville. Il y perchait au dernier étage, sous les combles, dans un bureau perdu au bout d'un labyrinthe d'escaliers étroits et de corridors, et là, préposé au matériel, il distribuait gravement, selon les demandes, le papier, les plumes, les crayons, les grattoirs, les coupe-papiers, les presse-papiers, les carrés de gomme, les fioles de sandaraque, les encres bleues, les encres rouges, les sables dorés, les calendriers à images, que sais-je encore, les mille fournitures inutiles dont aiment à s'entourer les plumitifs désœuvrés des grandes administrations, et qui sont comme les fleurs de la bureaucratie. Rossignol, naturellement, avait, lui aussi, des ambitions littéraires. Mettre son nom sur quelque chose d'imprimé était son rêve, et nous nous amusions, Pierre Véron, Rochefort et moi, à lui brocher des bouts d'articles, à lui improviser des quatrains, qu'il portait bien vite, tout glorieux, au *Tintamarre*. Singuliers effets de l'irresponsabilité : Rochefort, empêtré dans l'imitation et la convention quand il écrivait pour lui-même, devenait original et personnel dès qu'il écrivait sous la signature de Rossignol. Il était libre alors, il ne sentait pas l'œil irrité de l'Institut suivant sur le papier les contorsions peu académiques de sa pensée et de son style. Et c'était plaisir de voir s'égayer ce libre esprit, très froid, très ner-

veux, étonnant d'audace et de familiarite, avec une façon bien à lui de sentir les choses de la vie parisienne et d'en prendre texte pour toute sorte de bouffonneries patiemment et cruellement combinées, au milieu desquelles la phrase garde le sérieux d'un clown entre deux grimaces, se contentant de cligner de l'œil une fois l'alinéa fini.

« Mais c'est charmant, neuf, original, cela vous ressemble, pourquoi n'écririez-vous pas ainsi pour votre compte? — Vous avez peut-être raison, il faudra que j'essaie. » La manière de Rochefort était trouvée, l'empire n'avait plus qu'à bien se tenir.

On a dit que c'était de l'Arnal écrit et que Rochefort n'avait fait que mettre en alinéas les dialogues de Duvert et Lauzanne. Nous ne nions pas l'influence. Évidemment des manières de voir et des façons de dire, certains procédés — tournés en formule — de dialoguer la phrase et de faire cabrioler la pensée, qui, pendant les interminables parties de dominos du boulevard du Temple, avaient fait impression dans sa cervelle de collégien, ne lui ont pas été inutiles plus tard. Mais ce sont là de ces imitations inconscientes auxquelles personne n'échappe. Il n'est pas défendu, en littérature, de ramasser une arme rouillée; l'important est de savoir aiguiser la lame et d'en reforger la poignée à la mesure de sa main.

Rochefort débuta dans le *Nain jaune,* que rédigeait Aurélien Scholl. Qui ne connaît Scholl? Pour peu que vous ayez, ces derniers trente ans, tâté du boulevard parisien ou visité ses annexes, vous avez certainement remarqué, soit devant le pavillon de Tortoni, soit sous les tilleuls de Bade et les palmiers de Monte-Carlo, cette physionomie éminemment parisienne et boulevardière. Par l'accent toujours gai, le ton net et clair, l'éclat brillant et coupant du style, Scholl — au milieu de Paris envahi par le patois des parlementaires et le niais cailletage des reporters — est demeuré un des derniers, on pourrait presque dire le dernier petit journaliste. Le petit journaliste, dans le sens donné à ce mot, est un journaliste qui se croit obligé d'être en même temps un écrivain; le grand journaliste s'en dispense. Comme tant d'autres, en ces derniers temps si troublés, Scholl, peu à peu, sans penser à mal, s'est engagé dans la mêlée politique. Il est en pleine bataille maintenant, et c'est plaisir de voir ce petit-fils de Rivarol, devenu républicain, diriger contre les ennemis de la République les flèches d'or frottées d'un peu de curare à la pointe, empruntées à l'arsenal réactionnaire des *Actes des apôtres*. Mais, à l'époque du *Nain jaune*, la politique chômait, et Scholl, pas plus que Rochefort d'ailleurs, ne songeait guère à la République. Il se contentait d'être un des sceptiques les plus aimables et des railleurs les plus spirituels de Paris. Très amoureux du *paroistre*, en sa qualité de Bordelais, il soutenait, — ce qui par ce ce temps de sainte bohême ne laissait pas que d'avoir un petit fumet de paradoxe, — il soutenait que l'homme de lettres a le devoir de payer son bottier, et qu'on peut être spirituel avec des gants frais et du linge propre. Conséquent avec ses principes, il avait tout des élégants d'alors, même le monocle incrusté dans l'œil, qu'il garde encore; il déjeunait chez Bignon et donnait aux Parisiens le spectacle vraiment nouveau d'un simple chroniqueur partageant quotidiennement l'œuf à la coque et la côtelette avec le duc de Grammont-Caderousse, le roi de la gomme du moment. Le *Nain jaune* fut la seule concurrence sérieuse qu'ait jamais rencontrée Villemessant. Admirablement servi par ses relations mondaines, Scholl était arrivé en quelques mois à faire de son journal le moniteur de la haute vie et des clubs, l'arbitre des élégances parisiennes; mais, au bout d'un an, il se dégoûta, il valait mieux que ce métier; il était trop écrivain, trop journaliste pour rester longtemps directeur.

Au *Nain jaune*, le succès de Rochefort fut rapide; au *Figaro*, qui se hâta de l'enrôler, il fut plus éclatant encore. Les Parisiens, toujours frondeurs et depuis longtemps déshabitués d'indépendance, prenaient goût à ces pamphlets, qui se mettaient à tutoyer tout haut, d'un ton de gouaillerie railleuse, toute sorte de choses officielles et solennelles que jusqu'alors les plus hardis osaient à peine railler tout bas. Rochefort est lancé, il a des duels — plus heureux que celui au bord de l'étang de Chaville; il joue gros jeu, vit largement, remplit Paris du bruit de son nom, et reste malgré tout, malgré l'enivrement des succès d'un soir ou d'une heure, le Rochefort que j'avais connu à l'hôtel de ville, toujours serviable et bon, toujours modeste, toujours inquiet du prochain article, craignant toujours d'avoir vidé son sac, épuisé la veine et de ne pouvoir continuer.

Villemessant, volontiers despotique avec ses rédacteurs, avait pour celui-ci une sorte d'admiration craintive. Ce masque railleur et froid, ce tempérament volontaire et fantasque l'étonnaient. Le fait est que ce Rochefort avait d'étranges entêtements et de singuliers caprices. J'ai raconté ailleurs l'effet de son article sur le théâtre de M. de Saint-Rémy, et avec quelle familiarité gamine il régla son compte à ce malheureux volume présidentiel et ducal que tous les Dangeau, tous les Jules Lecomte de la chronique enguirlandaient des plus flatteuses périodes. Paris s'égaya de l'audace, Morny fut touché et en appela. Avec une candeur d'auteur vexé, bien faite pour étonner, de la part d'un homme d'esprit, il envoya ses œuvres dramatiques à Jouvin, comptant que Jouvin aurait plus de goût que Rochefort et ferait, dans le *Figaro*, un article réparatoire.

Jouvin accepta le volume, ne fit pas l'article, et l'infortuné duc dut garder sur le cœur la prose amère que lui avait fait avaler Rochefort. Alors il se passa une chose extravagante, invraisemblable au premier abord, et malgré tout profondément humaine. Morny, ce Morny adulé, tout-puissant, se prit subitement, pour l'homme qui n'avait pas craint de le railler, d'une sorte d'affection craintive et rancunière. Il aurait voulu le voir, le connaître, s'expliquer avec lui, comme deux amis, dans un coin. On s'ingéniait dans l'entourage pour prouver que Rochefort ne possédait ni esprit ni style, et que son jugement n'était d'aucun poids. Des flatteurs (un vice-empereur en a toujours!) allaient sur les quais, collectionnant de petits vaudevilles, péchés de jeunesse de Rochefort, les analysaient, les épluchaient et soutenaient par mille raisons probantes que ceux de M. de Saint-Rémy valaient mieux. On inventait à Rochefort des crimes imaginaires. Un Prudhomme fanatique arriva un jour tout courant, rouge d'indignation, les yeux hors de la tête : « Vous savez, Rochefort, ce fameux Rochefort qui fait tant le rigide, eh bien! savez-vous ce qu'on a découvert sur lui? Il a été boursier de l'empire! » Fallait-il avoir l'âme noire, ayant été à huit ans boursier de l'empire, pour trouver mauvaises, à trente, les pièces de monsieur le duc! Un peu plus et l'on aurait demandé compte à Rochefort des opinions politiques de sa nourrice! Vains efforts, révélations inutiles. Morny, pareil à un amoureux qu'on dédaigne, ne s'enfonçait que davantage dans l'idée fixe de se faire aimer de Rochefort. Le caprice tournait en toquade, toquade d'autant plus obsédante que Rochefort, averti de la chose, mettait une sorte de coquetterie comique à ne pas vouloir connaître le duc. Je vois encore, à la première représentation de la *Belle Hélène*, Morny arrêtant Villemessant dans le couloir. « Cette fois, par exemple, vous allez me présenter Rochefort! — Monsieur le duc!... Oui, monsieur le duc!... Nous causions précisément il n'y a pas une seconde... » Et Villemessant courait après Rochefort, mais Rochefort avait disparu. Alors l'idée vint d'inventer une combinaison, de machiner une sorte de complot pour mettre le duc et Rochefort en présence. On savait celui-ci grand bibelotier (n'a-t-il pas publié les *Petits mystères de l'Hôtel des Ventes* ?) et zélé amateur de tableaux. Le duc possédait une curieuse galerie. On amènerait Rochefort visiter la galerie, le duc se trouverait là comme par hasard, et la présentation serait faite. Jour est pris, un ami se charge d'entraîner Rochefort, le duc attend dans sa galerie; il attend une heure, deux heures, en tête-à-tête avec ses Rembrandt et ses Hobbema, et, cette fois encore, le monstre désiré ne vient pas.

Tant que vécut le duc (par un simple effet du hasard, sans doute, car je ne pense pas que cette amitié à distance et si peu payée de retour soit allée jusqu'à protéger l'ingrat pamphlétaire contre les foudres de la justice), tant que vécut le duc, Rochefort ne fut que relativement traqué. Mais, Morny disparu, les persécutions commencèrent. Aiguillonné, Rochefort redoubla d'insolence et d'audace. Les amendes tombèrent dru comme grêle, la prison succéda aux amendes. Bientôt la censure s'en mêla. La censure, avec son palais de dégustateur à principes, trouva que tout ce qu'écrivait Rochefort avait un arrière-goût politique. Le *Figaro* fut menacé dans son existence, et Rochefort dut quitter le journal. Là-dessus, il fonde la *Lanterne*, démasque ses sabords et hisse hardiment le pavillon de corsaire. Ce fut encore Villemessant, Villemessant le conservateur, le Villemessant des gourdins réunis, qui nolisa ce brûlot. La censure et Villemessant rendirent en cette circonstance un singulier service à la conservation et à l'empire. On sait l'histoire de la *Lanterne*, son succès foudroyant, le petit papier couleur de feu dans toutes les mains, les trottoirs, les fiacres, les wagons tout brillants d'étincelles rouges, le gouvernement affolé, l'esclandre, le procès, la suppression et — résultat prévu et inévitable — Rochefort député de Paris.

Rochefort, là encore, resta le même; il porta sur les bancs de la Chambre, à la tribune, la familiarité insultante de ses pamphlets, et jusqu'au bout il se refusa à traiter l'empire en adversaire sérieux. Vous rappelez-vous le scandale? Un orateur du gouvernement, parlant de haut, avec le dédain qu'un parlementaire formaliste et gourmé peut avoir pour un simple journaliste, avait à son occasion prononcé le mot de ridicule. Pâle, les dents serrées, Rochefort se lève de son banc et, cinglant au visage le souverain par-dessus la tête de ses ministres : « J'ai pu être ridicule quelquefois, mais on ne m'a jamais rencontré en costume d'arracheur de dents, avec un aigle sur l'épaule et un morceau de lard dans mon chapeau! » M. Schneider présidait ce jour-là. Je me rappelle l'effarement de sa bonne et grosse figure. Et me figurant à sa place la fine tête à moustaches, ironique et froide, du duc de Morny, je me disais : « Quel dommage qu'il ne soit point là, il aurait enfin réalisé son caprice et fait la connaissance de Rochefort. »

Depuis, je n'ai plus entrevu Rochefort que

deux fois : la première, à l'enterrement de Victor Noir, porté dans un fiacre, évanoui, épuisé par une lutte de deux heures soutenue à côté de Delescluze contre une foule affolée, deux cent mille hommes désarmés qui, avec des enfants, des femmes, voulaient à toute force ramener le cadavre à Paris où le canon les attendait, marcher à une tuerie certaine. Puis, une autre fois encore, pendant la guerre, dans le tohu-bohu de la bataille de Buzenval, dans le piétinement des bataillons, les coups sourds du canon des forts, le roulement des voitures d'ambulance, au milieu de la fièvre, de la fumée, des évêques paradant à cheval dans un costume de mascarade, de braves bourgeois qui allaient se faire tuer, pleins de confiance au plan Trochu, au milieu de l'héroïque, au milieu du grotesque, au milieu de ce drame inoubliable, pétri, comme ceux de Shakespeare, de sublime et de comique, qui s'appelle le siège de Paris. C'était sur la route du mont Valérien : du froid, de la boue, les arbres dépouillés frissonnant tristement sur le ciel brumeux. Mon ami passait en voiture, toujours pâle et vert derrière la vitre, toujours, comme au temps lointain de l'hôtel de ville. boutonné dans un étroit habit noir. Je lui criai à travers l'orage : « Bonjour, Rochefort!» Je ne l'ai plus revu depuis [1].

[1]. Ce portrait de Rochefort a paru en Russie, dans le *Nouveau-Temps*, en 1879.

HENRY MONNIER

Je me vois dans ma mansarde de jeunesse, en hiver, avec du givre aux vitres et une cheminée à la prussienne sans feu. Assis devant une petite table en bois blanc, je travaille, j'aligne des vers, les jambes enveloppées d'une couverture de voyage. Quelqu'un frappe. — « Entrez! » et dans l'ouverture de la porte se dresse une assez fantasque apparition. Figurez-vous un ventre, un faux-col, une face de bourgeois rougeaud et rasé, et un nez romain chaussé de lunettes. Cérémonieusement, le personnage salue et me dit : « Je suis Henry Monnier. »

Henry Monnier, une gloire alors! A la fois comédien, écrivain, dessinateur; on se le montrait passant dans les rues, et M. de Balzac, le grand observateur, l'estimait fort pour ses qualités d'observation. Observation singulière, il faut le dire, et qui ne ressemble pas à l'observation de tout le monde. Bien des écrivains, en effet, se sont acquis rentes et renom à railler les travers ou les infirmités des autres. Monnier, lui, n'est pas allé bien loin chercher son modèle : il s'est planté devant son miroir, s'est écouté penser et parler, et, se trouvant énormément ridicule, il a conçu cette cruelle incarnation, cette prodigieuse satire du bourgeois français qui s'appelle Joseph Prudhomme. Car Monnier, c'est Joseph Prudhomme, et Joseph Prudhomme c'est Monnier. Tout leur est commun, de la guêtre blanche à la cravate à trente-six tours. Même jabot de dindon qui se gonfle, même air de solennité bouffonne, même regard dominateur et rond dans le cercle d'or des lunettes, mêmes invraisemblables apophtegmes prononcés d'une voix de vieux vautour enchifrené. — « Si je pouvais seulement sortir de ma peau une heure ou deux, dit Fantasio à son ami Spark, si je pouvais être ce monsieur qui passe! » Monnier, qui n'avait que de lointains rapports avec Fantasio, n'a jamais désiré être le monsieur qui passe; possédant à un plus haut degré que personne la singulière faculté du dédoublement, il sortait de sa peau quelquefois pour s'amuser de lui-même et rire de sa propre tournure; mais il réintégrait bien vite la chère peau, la précieuse enveloppe, et cet impitoyable ironiste, ce cruel railleur, cet Attila de la sottise bourgeoise, se retrouvait, dans la vie privée, le plus naïvement sot des bourgeois.

Entre autres préoccupations, dignes vraiment de Joseph Prudhomme, Henry Monnier était possédé d'une idée fixe, commune d'ailleurs à tous les magistrats de province qui rimaillent des impromptus, et à tous les anciens colonels qui emploient les loisirs de leur retraite à traduire Horace : il voulait enfourcher Pégase, chausser les brodequins de Thalie, se baisser, au risque de faire craquer ses bretelles, pour recueillir dans le creux de sa main un peu du flot pur d'Hippocrène ; il rêvait laurier vert, succès académiques, pièce jouée au Théâtre-Français. Déjà — quelqu'un s'en souvient-il encore ? — il avait fait représenter sur la scène de l'Odéon une pièce en trois actes et en vers, s'il vous plaît ! comme disent les affiches : *Peintres et Bourgeois*, avec la collaboration d'un jeune homme, commis voyageur, je crois, et fort expert dans l'art de tourner les rimes. L'Odéon, c'est bien ; mais les Français, la maison de Molière ! Et pendant vingt ans, Henry Monnier rôda autour de l'illustre maison, au café de la Régence, au café Minerve, partout où allaient les socié-

taires, toujours digne et bien tenu, rasé de près comme un père noble, avec l'air capable et content de soi d'un raisonneur de comédie.

Le brave homme avait lu mes vers, il comptait sur moi pour l'aider à réaliser son rêve, et c'est pour me proposer de travailler ensemble qu'il venait de gravir, en s'essoufflant un peu, les marches nombreuses et raides de mon logis de la rue de Tournon. Vous pensez si je me trouvai flatté, et si j'acceptai l'offre avec joie!

Dès le lendemain, j'étais chez lui; il habitait rue Ventadour, dans une vieille maison de bourgeoise apparence, un petit appartement d'aspect très caractéristique qui sentait à la fois l'acteur économe, minutieux et rangé, et le vieux garçon à marier. Tout y luisait, meubles et carreau. Au pied de chaque siège, de petits tapis ronds avec une bordure de drap rouge soigneusement découpée en dents de loup. Quatre crachoirs : un dans chaque coin. Sur la cheminée étaient deux soucoupes contenant chacune quelques pincées de tabac très sec. Monnier y puisait, mais n'en offrait pas.

Cet intérieur, d'abord, me produisit une impression d'avarice. J'ai appris depuis que ces dehors parcimonieux cachaient au fond une vie très dure. Monnier était sans fortune ; de temps en temps seulement, une représentation, un bout d'article, la vente de quelques croquis venaient augmenter, et pas de beaucoup, ses minces revenus. Aussi avait-il peu à peu pris l'habitude de dîner tous les jours en ville. On l'invitait volontiers. Lui payait son écot en racontant, en jouant plutôt — car sa charge n'avait rien d'improvisé — des histoires salées au dessert. C'était quelque dialogue bien scandaleux, avec imitation des deux voix ; ou bien son héros favori, Monsieur Prudhomme promenant son ventre et son imperturbable solennité au travers des aventures les plus scabreuses. Tout cela sans rire, le bourgeois qu'avait en lui Henry Monnier se révoltait secrètement contre ce rôle de bouffon. Et puis, des exigences despotiques : un somme d'un quart d'heure, par exemple, après le repas, en si haut lieu que ce fût; et des jalousies, des bouderies, des colères de vieux perroquet à qui l'on vole son os de côtelette, si par hasard il arrivait que quelqu'un autre que lui prît la parole à table et risquât de l'éclipser. On voulut à un moment lui faire obtenir une pension : c'eût été pour lui la fortune; mais en cette circonstance ses joyeusetés d'après-dîner portèrent malheur au pauvre homme. Malassis en avait publié le recueil en Belgique, un exemplaire passa la frontière, la pudeur ministérielle s'en déclara offensée, et du coup la pension promise s'envola. Ne pas confondre avec les *Bas-fonds de Paris*, qui pourraient sembler par comparaison des récits faits pour les jeunes filles, bien que, cependant, la publication n'en ait été autorisée que par tolérance spéciale, à un nombre d'exemplaires assez restreint et à un prix assez élevé pour que le volume ne puisse en aucun cas exercer ses ravages au delà des frontières excommuniées du monde des bibliophiles.

Tel est l'homme double — *homo duplex* — qui me faisait l'honneur de vouloir associer sa littérature à la mienne. Fantaisiste comme je l'étais à vingt ans, avec le bouffon j'aurais encore pu m'entendre; mais, par malheur, c'était le bourgeois Prudhomme, et le bourgeois Prudhomme seul, qui prétendait collaborer avec moi. Après quelques séances, je ne revins plus. Henry Monnier sans doute ne me regretta guère, et de mon premier rêve de gloire il ne me reste que le souvenir de ce comique vieillard, au milieu de son intérieur propret et pauvre, fumant à petits coups de petites pipes, assis dans le fauteuil de cuir où on l'a trouvé mort un matin, il y a quinze ans !

LA FIN D'UN PITRE

ET DE LA BOHÊME DE MURGER

Sur mes dix-huit ans, je connus un personnage assez singulier, qui m'apparaît à distance comme la vivante incarnation d'un monde à part, au langage spécial, aux mœurs étranges, monde aujourd'hui disparu et presque oublié, mais qui tint grande place un moment dans le Paris de l'empire. Je veux parler de cette bande tzigane, irréguliers de l'art, révoltés de la philosophie et des lettres, fantaisistes de toutes les fantaisies, insolemment campée en face du Louvre et de l'Institut, et que Henri Murger, non sans embellir, sans en poétiser quelque peu le souvenir, a célébrée sous le nom de Bohême. Nous appellerons Desroches ce personnage. Je l'avais rencontré dans un bal du quartier Latin, avec des amis, un soir d'été. Rentré chez moi très tard, — ma petite chambre de la rue de Tournon, — je dormais à poings serrés le lendemain matin, quand aux pieds de mon lit se dressa un monsieur en habit noir, habit étriqué, de ce noir étrange que savent seuls se procurer les policiers et les croque-morts.

— Je viens de la part de M. Desroches.

— M. Desroches? Quel M. Desroches? fis-je en me frottant les yeux, car mes souvenirs, ce matin-là, s'obstinaient à se réveiller beaucoup plus tard que ma personne.

— M. Desroches du *Figaro*; vous avez passé hier la soirée ensemble; il est au poste, et se réclame de vous.

— M. Desroches... oui... parfaitement... il se réclame... eh bien, qu'on le lâche!

— Pardon, ce serait trente sous!
— Trente sous!... Pourquoi?
— C'est l'usage...

Je donnai les trente sous. L'habit noir s'en alla, et je demeurai assis sur mon lit, rêvant à moitié et ne comprenant pas bien par suite de quelles aventures bizarres je me trouvais amené, — nouveau frère de la Merci, — à racheter, moyennant un franc cinquante, un rédacteur du *Figaro* des griffes non des Turcs, mais de la police.

Mes réflexions ne furent pas longues. Cinq minutes après, Desroches, délivré de ses fers, entrait en souriant dans ma chambre :

— Mille excuses, mon cher confrère, tout ceci est la faute des *Raisins muscats*... oui! les *Raisins muscats*, mon premier article, paru hier au *Figaro*. Sacrés Raisins muscats! vous comprenez, j'avais touché l'argent... mon premier argent... ça m'a monté à la tête... Nous avons roulé tout le quartier en vous quittant... par exemple, à la fin, mes souvenirs se troublent... j'ai pourtant la sensation vague d'un coup de pied reçu quelque part... Puis, je me suis trouvé au poste... une nuit charmante!... on m'avait d'abord fourré dans le fond, vous savez... le trou noir : ça puait!... mais j'ai fait rire

ces messieurs... ils ont bien voulu me prendre avec eux dans le corps de garde... nous avons causé, joué aux cartes... il a fallu que je leur lise les *Raisins muscats*, un succès!... Étonnant, le goût des sergents de ville...

Jugez de ma stupéfaction et de l'effet produit sur ma naïve et provinciale jeunesse par la révélation de ces extravagantes mœurs littéraires! Et le confrère qui me racontait ainsi ses aventures était un petit homme tout rond, brossé, rasé, affectant des façons polies, et dont les guêtres blanches, la redingote de coupe bourgeoise faisaient le plus parfait contraste avec des gestes endiablés et les grimaces de sa figure de pitre. Il m'étonnait, m'effrayait, s'en rendait compte, et prenait plaisir évidemment à exagérer en mon honneur le cynisme de ses paradoxes.

— Vous me plaisez, dit-il en me quittant; venez donc me voir dimanche prochain dans l'après-midi... j'habite un coin ravissant, près du château des Brouillards, sur les buttes, du côté qui regarde Saint-Ouen, vous savez bien, la vigne de Gérard de Nerval!... Je vous présenterai à ma femme; elle en vaut la peine... Justement, j'ai reçu une barrique de vin nouveau; nous boirons à la tasse, comme chez les gros marchands de Bercy, et nous dormirons dans la cave... Et puis, un ami à moi, un dominicain défroqué d'avant-hier, doit venir me lire un drame en cinq actes. Vous l'entendrez : sujet superbe; on s'y viole tout le temps... voilà qui est entendu. La vigne de Gérard de Nerval, n'oubliez pas l'adresse!

Tout se vérifia de ce que Desroches m'avait promis. Nous bûmes à même le vin nouveau, et, le soir, le soi-disant dominicain nous lut son drame. Dominicain ou non, c'était un grand et superbe Breton, à larges épaules taillées pour le froc, avec quelque chose du prédicateur dans l'arrondissement de la voix et des gestes. Il s'est fait depuis un nom dans les lettres. Son drame ne m'étonna point. Il est vrai de dire que, après une après-midi passée à la vigne de Gérard de Nerval, dans ce que Desroches appelait son intérieur, l'étonnement n'était point facile.

Avant de gravir les buttes, j'avais voulu relire les pages exquises que Gérard, l'amoureux de *Sylvie* dans ses *Promenades et Souvenirs*, consacre à la description de cette pente septentrionale de Montmartre, coin de campagne enclos dans Paris, et d'autant plus précieux et cher : «... Il nous reste un certain nombre de coteaux ceints d'épaisses haies vertes que l'épine-vinette décore tour à tour de ses fleurs violettes et de ses baies pourprées... Il y a là des moulins, des cabarets et des tonnelles, des élysées champêtres et des ruelles silencieuses... on rencontre même une vigne, la dernière du cru célèbre de Montmartre, qui luttait, du temps des Romains, avec Argenteuil et Suresnes. Chaque année, cet humble coteau perd une rangée de ses ceps rabougris qui tombe dans une carrière. Il y a dix ans, j'aurais pu l'acquérir au prix de dix mille francs... j'aurais fait faire dans cette vigne une construction si légère! une petite villa dans le goût de Pompéi, avec un impluvium et une cella... »

C'est dans ce rêve grec d'un poète qu'habitait mon ami Desroches. C'est là, antithèse effroyable! que, par un clair été bleu, sous un berceau de sureaux en fleurs où bourdonnaient des vols d'abeilles, il me présenta un monstre androgyne en costume de charretier : blouse bleue, cotte de velours, bonnet rayé de rouge sur l'oreille, le fouet en travers des épaules :

— M. Alphonse Daudet... Mme Desroches!

Car ce monstre était réellement sa femme, sa légitime femme, toujours dans ce costume, qui lui plaisait, et qui, certes, allait on ne peut mieux à sa figure, à sa voix mâle. Fumant, crachant, jurant, ayant de l'homme

tous les vices, elle menait à grands coups de fouet la maisonnée, son époux d'abord, fort dompté, et puis deux maigres filles, ses filles! à tournure étrange et garçonnière, dont les treize et quinze ans mûris trop tôt et montés en graine promettaient tout ce que les quarante de madame leur mère tenaient. Ça valait la peine, en effet, comme il l'avait dit, de connaître cet intérieur-là...

Desroches était pourtant le fils d'un riche et régulier marchand parisien, fabricant de bijoux, je crois. Son père l'avait maudit plusieurs fois et lui servait une petite rente. L'exemple n'est pas rare, en France, de ces enragés, sortes de fléaux de Dieu, apparaissant tout à coup dans les familles, pour troubler la quiétude, remettre en circulation les pièces d'or accumulées, punir enfin la bourgeoisie dans ce qu'elle peut avoir de trop égoïstement bourgeois. Et j'en ai connu plus d'un de ces canards couvés par des poules, qui, aussitôt éclos, courent à la mare. La mare, c'est l'art, ce sont les lettres, le métier ouvert à tous sans patente ni diplôme. Desroches, au sortir du collège, avait donc pataugé dans l'art, dans tous les arts. Il avait commencé par la peinture, et le passage dans les ateliers de ce cynique à froid, régulier, boutonné, gardant, au milieu des plus échevelées fantaisies, le stigmate indélébile, la marque bourgeoise d'origine, était demeuré légendaire. La peinture n'ayant pas voulu de lui, Desroches s'était rué sur la littérature. Il venait de faire les *Raisins muscats*, — inspirés peut-être par sa vigne, — les Raisins muscats, cent lignes, un article! Vainement, depuis, essaya-t-il d'en faire un autre; jamais il ne put retrouver la veine, et atteignit quarante ans, ayant pour œuvres complètes les *Raisins muscats!*

La conversation, les fusées de l'ami Desroches m'amusaient; seulement, son intérieur ne me plaisait guère. Je ne retournai plus à Montmartre, mais je passais l'eau quelquefois, le soir, pour aller le voir rue des Martyrs, à la brasserie. La brasserie des Martyrs, si calme maintenant, et où les merciers de la rue font leur partie de dames, représentait alors une puissance en littérature. La brasserie rendait des arrêts, on était célèbre par la brasserie; et, dans le grand silence de l'empire, Paris se retournait au bruit que faisaient là, tous les soirs, quatre-vingt ou cent bons garçons, en fumant des pipes, en vidant des chopes. On les appelait bohèmes, et ils ne s'en fâchaient point. Le *Figaro*, celui d'alors, non politique et paraissant une fois par semaine seulement, était le plus souvent leur tribune.

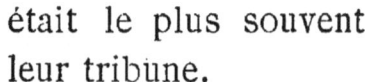

Il fallait voir la brasserie, — nous disions la Brasserie tout court, comme les Romains disaient la Ville en parlant de Rome, — il fallait voir la brasserie, le soir, sur les onze heures, dans le brouhaha de toutes les voix, dans la fumée de toutes les pipes!

Murger y trônait, à la table du milieu; Murger, l'Homère de ce monde découvert par lui, et que sa fantaisie a quelque peu coloré en rose. Décoré, désormais célèbre, publiant ses romans à la *Revue des deux mondes*, il n'en revenait pas moins à la brasserie, pour s'y retremper, disait-il, et aussi pour recevoir les hommages des braves gens qu'il avait peints. On me le montra : une tête grasse et triste, les yeux rougis, la barbe rare, indices du médiocre sang parisien. Il habitait Marlotte, près de la

forêt de Fontainebleau ; toujours un fusil sur l'épaule, feignant de chasser, mais courant après la santé plus qu'après les perdrix ou les lièvres. Son séjour dans le village avait attiré là toute une colonie parisienne, hommes et femmes, fleurs de bitume et de brasserie, d'un singulier effet sous les grands chênes ; Marlotte s'en ressent encore. Dix ans après la mort de Murger, — mort, comme on sait, à l'hôpital Dubois, — je me trouvais là avec quelques amis, chez la mère Antony, cabaret célèbre ! Un vieux paysan buvait près de nous, un paysan à la Balzac, terreux et tanné. Une vieille vint le chercher, en guenilles, coiffée d'un madras rouge. Elle l'appela mange-tout, ivrogne ; lui, voulut la faire trinquer.

— Votre femme n'est pas douce! dit quelqu'un, lorsqu'elle fut partie.

— Ce n'est pas ma femme, c'est ma maîtresse! répondit le vieux paysan.

Il aurait fallu entendre de quel ton! Évidemment, le bonhomme connaissait Murger et ses amis, et menait la vie de bohême à sa manière.

Rentrons à la brasserie. A mesure que mes yeux s'habituaient au picotement de la fumée, je voyais à droite et à gauche, de tous les coins, dans le brouillard, émerger des têtes fameuses.

Chaque grand homme avait sa table, qui

devenait le noyau, le centre de tout un clan d'admirateurs.

Pierre Dupont, vieux à quarante-cinq ans, gras et voûté, et son bel œil de bœuf de labour visible à peine sous des paupières alourdies, essayait, coudes sur table, de chanter quelques-unes de ces chansons politiques ou rustiques au rythme d'or, toutes frémissantes des beaux rêves de 48, toutes résonnantes des mille bruits de métiers de la Croix-Rousse, tout embaumées des mille parfums des vallées lyonnaises. La voix n'y était plus ; brûlée par l'alcool, elle ressemblait à un râle.

« Il te faut les champs, mon pauvre Pierre ! » lui disait Gustave Mathieu, le chantre des *Bons Vins*, du *Coq Gaulois* et des *Hirondelles*. De bonne souche de bourgeois nivernais, celui-ci avait navigué dans sa jeunesse, et gardait de ses voyages le goût très vif de l'air pur et des vastes horizons. Il trouvait cela autour de sa petite maison de Bois-le-Roi, et ne venait guère à la brasserie que pour la traverser, cambré, souriant, l'air d'un Henri IV, et, en toute saison, un bouquet de fleurs des champs à la boutonnière.

Dupont est mort à Lyon, dans la noire cité industrielle, assez misérablement. Sain et sec comme un cep de vigne, Mathieu lui a longtemps survécu. Il y a seulement quel-

ques années, après une courte maladie, ses amis l'ont conduit au petit cimetière de Bois-le-Roi, cimetière qu'une simple haie sépare des champs, vrai cimetière de poète où l'on dort sous les roses, à l'ombre des chênes.

Le premier soir où je vis Gustave Mathieu, un grand diable roux et maigre, aux airs fendeurs de capitan, était assis près de lui, imitant sa voix, copiant ses gestes; Fernand Desnoyers, un original qui fit *Bras-Noir*,

pantomime en vers! De l'autre côté de la table, quelqu'un discutait avec Dupont; c'était Reyer, crispé, rageur, qui notait les airs trouvés sans art par le poète, Reyer, l'auteur futur de la *Statue*, de *Sigurd* et de tant d'autres belles œuvres.

Que de souvenirs évoque en moi ce seul nom, la Brasserie ; que de physionomies pour la première fois aperçues là, au reflet des chopes, dans la fumée !

Citons au hasard dans le grand nombre des disparus, parmi les rares qui survivent. Voici Monselet, prosateur délicat, fin poète ; souriant, frisé, grassouillet, M. de Cupidon ressemble à un abbé galant, d'ancien régime ; on cherche à son dos le petit manteau, envolé comme une paire d'ailes. Champfleury, alors chef d'école, père du réalisme, et confondant dans le même furieux amour la musique de Wagner, les vieilles faïences et la pantomime. La faïence, à la fin, l'a emporté : Champfleury, au comble de ses vœux, est anjourd'hui conservateur du musée céramique de Sèvres.

Voici Castagnary, en gilet à grands revers, à la Robespierre, taillé dans le velours d'un vieux fauteuil. Maître clerc chez un avoué, il s'est échappé de l'étude, pour venir réciter les *Châtiments* de Victor Hugo dans toute leur saveur de fruit défendu. On l'entoure, on l'acclame ; mais le voilà parti, cherchant Courbet, il lui faut Courbet, il a besoin de causer avec Courbet pour sa « Philosophie de l'art au Salon de 1857 ». Sans renoncer à l'art, et tout en continuant à écrire d'une plume allègre plus d'une page remarquable sur nos Salons annuels, le finaud Saintongeois, toujours souriant d'un sourire narquois derrière ses moustaches tombantes, s'est laissé peu à peu glisser dans la politique. Conseiller municipal, puis directeur du *Siècle*, au conseil d'État aujourd'hui, il ne déclame plus de vers et ne porte plus de gilet rouge.

Voici Charles Baudelaire, un grand poète tourmenté en art par le besoin de l'inexploré, en philosophie par la terreur de l'inconnu. Victor Hugo a dit de lui qu'il a inventé un frisson nouveau. Et personne, en effet, n'a fait parler comme lui l'âme des choses ; personne n'a rapporté de plus loin ces fleurs du mal, éclatantes et bizarres comme des fleurs tropicales qui poussent gonflées de poison, dans les mystérieuses profondeurs de l'âme humaine. Patient et délicat artiste, très préoccupé de la phrase et du mot, par une cruelle ironie du sort, Baudelaire est mort aphasique, gardant intacte son intelligence, ainsi que l'exprimait douloureusement la plainte de son œil noir, mais ne trouvant plus pour traduire ses pensées que le même juron confus, mécaniquement répété. Correct et froid, d'un esprit coupant comme l'acier anglais, d'une politesse paradoxale, à la brasserie il étonnait les habitués en buvant des liqueurs d'outre-Manche en compagnie de Constantin Guys le dessinateur ou de l'éditeur Malassis.

Un éditeur comme on n'en fait guère, celui-là : spirituel et curieusement lettré, il mangeait royalement une belle fortune de province à imprimer les gens qui lui plaisaient. Mort aussi, mort en souriant, peu fortuné, mais sans une plainte. Et je ne songe pas sans émotion à cette tête narquoise et pâle, allongée par les deux pointes d'une barbe rousse, un Méphistophélès du temps des Valois.

Alphonse Duchesne et Delvau m'apparaissent aussi dans un coin de la brasserie, deux encore ! Singulier destin que celui de cette génération si tôt fauchée, où l'on ne dépasse pas quarante ans ! Delvau, Parisien curieux de Paris, l'admirant dans ses fleurs, l'aimant dans ses verrues, fils de Mercier et de Rétif de la Bretonne, dont les petits livres très soignés, pleins de menus faits et d'observations pittoresques, sont devenus le régal des gourmets et la joie des bibliophiles. Alphonse Duchesne, alors tout échauffé de sa grande querelle avec Francisque Sarcey qui, plantant le drapeau des Normaliens en face du drapeau des Bohèmes, venait de débuter en littérature par un article batailleur : *les Mélancoliques de brasserie*.

C'est à la brasserie qu'Alphonse Duchesne et Delvau écrivaient ces « Lettres de Junius » qu'un commissionnaire mystérieux remettait au *Figaro* toutes les semaines, et qui bouleversèrent Paris. Villemessant ne jurait plus que par ce mystérieux Junius. C'était évidemment un grand personnage. Tout l'indiquait : l'allure des lettres, leur ton cassant et gentilhomme, un parfum de noblesse et de vieux faubourg. Aussi quelle fureur, le jour où le masque tomba, et quand

on apprit que ces pages aristocratiques étaient écrites au jour le jour, par deux bohèmes besogneux, sur une table de cabaret! Pauvre Delvau! pauvre Duchesne! Villemessant ne leur a jamais pardonné.

J'en passe, car il faudrait tout un volume pour décrire la brasserie table par table.

Voici la table des penseurs : ils ne disent rien, ceux-là, ils n'écrivent pas, ils pensent. On les admire de confiance, on les dit profonds comme des puits, et le fait est qu'on peut le croire, à les voir engloutir des bocks. Crânes dénudés, barbes en cascade, un parfum de gros tabac, de soupe aux choux et de philosophie.

Plus loin, des vareuses, des bérets, des cris d'animaux, des charges, des calembours; ce sont des artistes, des sculpteurs, des peintres. Au milieu d'eux, une tête fine et douce, Alexandre Leclerc, dont les Prussiens ont détruit les fresques fantasques qui couvraient les murs du cabaret du Moulin-de-Pierre, à Châtillon.

Celui-là, on le trouva pendu, un jour; pendu assis et tirant sur la corde, au milieu d'un fouillis de tombes, tout en haut du Père-Lachaise, à l'endroit d'où Balzac montre Paris immense à Rastignac. Dans mes souvenirs de la brasserie, Alexandre Leclerc est toujours joyeux, il chante des chansons picardes; et ces airs de pays, ces couplets rustiques répandent autour de sa table, dans l'air saturé de tabac, je ne sais quelle poésie pénétrante de blés et de plaines.

Et les femmes que j'oubliais, car il y a là des femmes, d'anciens modèles, de belles personnes un peu fanées. Têtes singulières et noms étranges, sobriquets qui sentent le mauvais lieu, particules prétentieuses : Titine de Barancy et Louise Coup-de-Couteau. Types irréguliers, singulièrement affinés, ayant passé de main en main, et de chacune de leurs mille liaisons ayant gardé comme un frottis d'érudition artistique. Elles ont des opinions sur tout, se déclarant, selon l'amoureux du jour, réalistes ou fantaisistes, catholiques ou athées. C'est attendrissant et ridicule.

Quelques nouvelles, toutes jeunes, admises par le redoutable aréopage ; la plupart vieillies sur place et ayant conquis par ancienneté une sorte d'autorité incontestée. Et puis les veuves, les anciennes d'auteurs ou d'artistes connus, en train de faire l'éducation de quelque débutant arrivé la veille de sa province. Tout cela roulant, fumant des cigarettes qui poussent leur petite spirale bleue dans le brouillard gris des pipes et des haleines.

Les bocks roulent, les garçons courent, les discussions s'échauffent ; ce sont des cris, des bras levés, des crinières qu'on secoue, et au milieu, criant pour deux, gesticulant pour quatre, debout sur une table, ayant l'air de nager parmi un océan de têtes, Desroches, qui conduit et domine de sa voix de pitre le grand vacarme de la foire. Il est bien ainsi, l'air inspiré, la chemise ouverte, la cravate débridée, flottante, un vrai bâtard du neveu de Rameau!

Il vient là tous les soirs s'étourdir, se griser de paroles et de bière, nouer des collaborations, raconter des projets de livres, se mentir à lui-même et oublier que la maison est devenue odieuse, le travail assis impossible, et qu'il ne serait même plus capable de recommencer les *Raisins muscats*. Sans doute il y avait à la brasserie de nobles esprits, des préoccupations sérieuses; et parfois un beau vers, un paradoxe éloquent, rafraîchissait l'atmosphère comme un courant d'air pur, dissipant la fumée des pipes. Mais pour quelques hommes de talent, que de Desroches! Pour quelques instants de belle fièvre, que d'heures maussades et perdues!

Puis quelle tristesse le lendemain, quels réveils amers dans le découragement de la nausée, quel dégoût d'une telle vie sans la force d'en changer! Voyez Desroches ; il ne rit plus, sa grimace se détend, il vient de penser aux enfants qui grandissent, à la femme qui vieillit et de plus en plus s'encanaille, au fouet, au bonnet, à la blouse, au costume de charretier, original jadis, un soir de bal, quand on le mit pour la première fois, maintenant nauséabond.

Quand ces idées noires le prenaient, Desroches disparaissait, s'en allait en province, traînant après lui son étrange famille.

Marchand de montres, comédien à Odessa, recors à Bruxelles, compère d'un escamoteur, quels étranges métiers n'a-t-il pas faits? Puis il revenait fatigué bien vite, dégoûté, même de cela.

Un jour, au bois de Boulogne, il voulut se pendre, mais des gardiens le décrochèrent. On le blagua à la brasserie, il parlait lui-même de son aventure avec un petit rire faux. Quelque temps après, décidé à en finir, il se précipita dans une des épouvantables carrières, abîmes de calcaire et de glaise comme il y en a autour des fortifications de Paris. Il passa la nuit là, les côtes broyées, les poignets et les cuisses brisés. Il vivait encore quand on l'en retira.

« Allons, bon! dit-il, on va m'appeler l'homme qui se rate toujours. »

Ce furent ses dernières paroles. Il eut soixante jours d'agonie, puis mourut. Je ne l'oublierai jamais.

Histoire de mes Livres

JACK

J'ai devant moi, sur la table où j'écris ceci, une photographie de Nadar, le portrait d'un garçon de dix-huit à vingt ans, douce figure maladive aux traits indécis, aux yeux d'enfant, joueurs et clairs, dont la vivacité contraste avec l'affaissement d'une bouche molle, fanée, comme détendue, une bouche de pauvre homme qui a beaucoup pâti. C'est Raoul D..., le Jack de mon livre, tel que je l'ai connu vers la fin de 1868, tel que je le voyais arriver chez moi, dans la petite maison que j'habitais à Champrosay, frileux, le dos rond, les bras serrant sa mince pelure sur une poitrine étroite où la toux sonnait comme un glas.

Nous étions voisins par les bois de Sénart. Déjà malade, meurtri par l'horrible vie ouvrière que le caprice d'un amant de sa mère lui avait imposée, il était venu se reposer à la campagne dans un grand logis solitaire et délabré où il vivait en Robinson, avec un sac de pommes de terre et un crédit de pain chez le boulanger de Soisy. Pas un sou, pas même de quoi prendre le train pour Paris. Quand il s'ennuyait trop de ne plus voir sa mère, il faisait six grandes lieues à pied, et s'en revenait épuisé, ravi ; car il l'adorait cette mère, parlait d'elle avec une effusion tendre, admirante, un respect de métis pour la femme blanche, l'être supérieur. « Maman est chanoinesse!... » me disait-il un jour, et d'un ton si convaincu que je n'osai pas lui demander de quel chapitre. Mais quelques mots de ce genre m'avaient permis de juger quelle femme c'était que cette affolée, cette ambitieuse de titres, de noblesse, qui consentait à faire de son enfant un ouvrier mécanicien. Ne lui racontait-elle pas à un moment qu'il était fils du marquis de P***, un nom bien connu sous l'empire? Et cette idée d'être fils de noble amusait le pauvre garçon, assaisonnait d'un grain de vanité sa détresse et le triste ordinaire de la crèmerie. Plus tard, oubliant le premier aveu, elle lui donnait pour père un officier supérieur d'artillerie, sans qu'il fût possible de savoir quand elle avait menti, ou si elle parlait sincèrement, au hasard de son vaniteux caprice et d'une mémoire très encombrée. Dans mon livre, ce détail caractéristique a choqué certains lecteurs; tiré de la vie même, il semblait une exagération du psychologue qui, certes, ne l'aurait pas inventé.

Eh bien! même cela, Raoul le pardonnait à sa mère; et je n'ai jamais eu d'autre confidence de ses rancœurs qu'un sourire désolé qui demandait pardon pour la folle. « Que voulez-vous? elle est comme ça. » Il faut dire aussi que le peuple ignore bien des délicatesses, des susceptibilités morales; et Raoul en était, de ce peuple, où on l'avait jeté à onze ans, après quelques mois passés dans un riche pensionnat d'Auteuil. De cet essai d'éducation bourgeoise, il lui était resté des notions vagues, des noms d'auteurs, titres de livres, et un grand amour de l'étude qu'il n'avait jamais pu satisfaire. Maintenant que le médecin lui interdisait le travail manuel, que je lui ouvrais ma bibliothèque toute grande, il s'en donnait de lire, et goulument, en affamé qui répare. Il partait chargé de bouquins pour sa soirée, pour ses nuits, ses longues nuits de fièvre et de toux, qu'il passait à grelotter dans sa froide maison à peine éclairée, entassant sur son lit ses pauvres hardes. Mais il aimait surtout à lire chez moi, assis dans l'embrasure de la pièce où je travaillais, la fenêtre ouverte sur les champs et la Seine.

« Ici, je comprends mieux, » me disait-il. Quelquefois, je l'aidais à comprendre; car, par une sorte de superstition, une ambition de son esprit, il allait aux lectures difficiles, Montaigne, La Bruyère. Un roman de Balzac ou de Dickens l'amusait trop, ne lui donnait pas la fierté du livre classique lentement déchiffré. Dans les repos, je le faisais causer sur son existence, les milieux ouvriers dont il avait une perception très fine, bien au-dessus de son âge et de son métier. Il sentait le côté douloureux ou comique des choses, la grandeur de certains spectacles de la vie d'usine. Ainsi le lancement de la machine que je raconte dans *Jack* est un de ses souvenirs d'apprenti. Ce qui m'intéressait surtout, c'était le réveil, l'affinement de cette intelligence, comme une mémoire lointaine qui lui revenait à l'excitation des livres et de nos causeries. Un changement se faisait même dans l'être physique redressé par l'effort intellectuel. Malheureusement, la vie allait nous séparer. Et tandis que je rentrais à Paris pour l'hiver, Raoul, reprenant l'outil, s'embauchait aux ateliers du chemin de fer de Lyon. Je le revis deux ou trois fois en six mois; chaque fois plus maigre et plus changé, désespéré de sentir qu'il était décidément trop faible pour son métier. « Eh bien! quittez-le...

Cherchons autre chose. » Mais il voulait lutter encore, craignant d'affliger sa mère, blessé dans son orgueil d'homme. Et moi je n'osais insister, ne croyant pas son mal aussi profond, et redoutant par-dessus tout de faire un déclassé, un raté, de ce pauvre mécanicien à nom de romance.

Du temps se passe. Un jour je reçois une petite lettre tremblée et navrante : « Malade, à la Charité, salle Saint-Jean de Dieu. » C'est là que je le retrouvai, couché sur un brancard parce que l'hiver qui finissait ayant été très rude, il n'y avait plus un lit disponible dans cette salle réservée aux phtisiques. Au premier vide que la mort allait faire, Raoul aurait le sien. Il me parut très atteint, les yeux creux, la voix rauque, surtout l'imagination frappée des tristesses qui l'entouraient, ces plaintes, ces toux déchirantes, la prière de la sœur, au jour tombant, et l'aumônier, en pantoufles rouges, assistant les agonies désespérées. Il avait peur de mourir là. Je m'efforçai de le rassurer, tout en m'étonnant que sa mère ne l'eût pas fait soigner chez elle. « C'est moi qui n'ai pas voulu, » me dit la pauvre victime «... Ils s'agrandissent, ils font bâtir, je les aurais gênés. » Et, comme pour répondre au reproche de mes yeux, il ajouta : « Oh! maman est bien bonne... Elle m'écrit, elle vient me voir. » J'ai la conviction qu'il mentait ; sa détresse, le nu de sa couverture d'hospice sans la moindre douceur, pas même une orange, sentait l'abandon. J'eus l'idée, le trouvant si seul, si malheureux, de lui faire écrire ce qu'il voyait, ce qu'il subissait là, convaincu que son esprit en serait ainsi plus hautement impressionné. Et puis, qui sait? Cela deviendrait peut-être une ressource pour cet être fier à qui il était si difficile de faire accepter un peu d'argent. Au premier mot, le malade se redressa, accroché des deux mains aux poignées de bois pendues à la tête du lit.

— Vrai, bien vrai?... vous croyez que je pourrais écrire?

— J'en réponds.

De fait, dans les quatre articles que Raoul m'a envoyés de l'hôpital, je n'ai pas eu dix mots à changer. L'accent en était simple et sincère, d'une réalité poignante qui conve-

nait bien à leur titre : *La vie à l'hôpital.*
Ceux qui ont lu ces courtes pages dans une éphémère feuille médicale, le *Journal d'Enghien,* n'ont pu certes se douter qu'elles avaient été écrites sur un grabat, et dans quel effort, quelle sueur de fièvre. Et comme il était joyeux, le brave enfant, quand je lui apportai les quelques louis tirés de sa prose ! Il n'y voulait pas croire, les tournait, les retournait devant lui, pendant que, des lits voisins, des têtes curieuses se penchaient vers ce bruit d'or inhabituel. De ce jour, l'hôpital s'embellit pour lui de l'étude qu'il en faisait. Il sortit quelque temps après, par un élan de jeunesse; seulement les internes qui le soignaient ne me cachèrent pas son état grave. La blessure existait toujours, prête à s'ouvrir, inguérissable, surtout si le malheureux se remettait au dur métier du fer et des machines. Je me souvins alors qu'au même âge et dans une crise de santé assez sérieuse, un séjour de quelques mois en Algérie m'avait fait le plus grand bien. Je m'adressai au préfet d'Alger que je connaissais un peu, lui demandant un emploi

pour Raoul. M. Le Myre de Vilers, aujourd'hui représentant de la France à Madagascar, ne se rappelle plus ceci, sans doute ; mais je n'ai pas oublié, moi, avec quelle bonne grâce et quelle promptitude qui en doublait le prix, il répondit à ma lettre en m'offrant pour mon ami une place de quinze cents francs aux bureaux du cadastre : cinq heures de travail par jour, d'un travail sans fatigue, dans le plus beau pays du monde, un décor de verdure et d'eau sous les yeux.

Ce fut une vraie féerie pour Raoul que ce départ, ce grand voyage, et la pensée qu'il ne retournerait plus à l'atelier, qu'il n'aurait plus les mains noires et pourrait gagner son pain sans en mourir. Dans la famille où je vis, je suis entouré de bons êtres aux cœurs larges et nobles que le malheur de cet enfant avait conquis ; et l'on se cotisa pour son bien-être. « Moi, je paie le voyage... » dit la vieille bonne maman. Un autre se chargea du linge, un autre des vêtements, car il fallait laisser la cotte bleue et la salopette à l'usine. Raoul acceptait tout, maintenant qu'il avait une place, et la certitude de s'acquitter. Pensez! Quinze cents francs par an. Et puis il écrirait, il m'enverrait des articles. Il projetait bien d'autres bonheurs encore dont il m'entretint le soir de notre adieu : il ferait venir sa mère, la reprendrait avec lui pour une existence heureuse et digne. Les autres l'avaient eue assez longtemps; à présent c'était son tour. Bien pris dans ses vêtements neufs, les yeux brillants, la figure redevenue intelligente et belle, pendant qu'il me parlait ainsi ce n'était plus le déshérité, le misérable, mais un compagnon, un des miens qui me quittait — et que je ne devais plus voir.

D'Alger, il m'écrivait souvent. « Je rêve, je rêve... Il me semble que je suis au ciel. » Il habitait dans un faubourg, séparé de la mer par un bois d'orangers, tout auprès d'un peintre de mes amis à qui je l'avais recommandé, ainsi qu'à Charles Jourdan qui ne tardait pas à ouvrir sa maison de Montriant, toute grande et hospitalière, au pauvre exilé. Son bureau l'occupait peu, lui laissait le temps de continuer à s'instruire par un programme de lectures que je lui avais fait. Mais nous nous y étions pris trop tard pour l'arracher à sa misère. Il avait tant souffert, et de si bonne heure : ces blessures d'enfance grandissent avec l'homme. « Je viens d'être bien secoué, me disait Raoul dans une lettre, le 18 juin 1870, mais grâce à un énergique traitement me voici debout, faible, bien faible, il est vrai, et marchant à pas comptés. Pendant les quinze jours de convalescence que je viens de passer sans sortir, mon imagination a fait bien des promenades avec vous dans la forêt, et nous avons bien causé dans le grand atelier. Ma tête était trop faible pour la lecture et je restais à rêvasser, un peu seul et triste, quand le bon géant Charles Jourdan est venu me chercher avec un *bourricot* et m'a emmené dans une maison qui me serait trop chère si Champrosay n'existait pas. L'air, à Montriant, est si pur, la vue si belle, le silence si profond que je me sens renaître. Et quel charmant garçon, plein de cœur et de jeunesse, que ce Jourdan ! Son cabinet est orné d'une grande bibliothèque, et j'y passe mes journées à feuilleter à droite et à gauche comme chez vous. Il me dicte aussi ses articles pour le *Siècle* et pour l'*Histoire*. Nous avons ce matin éreinté les conseils généraux... » Le ton est assez gai, mais on sent une réelle fatigue, et vers la fin la longue écriture droite fléchit, l'encre change ; il s'y est repris à plusieurs fois pour achever.

Puis la guerre arriva, le siège. Je n'entendis plus parler de lui et je l'oubliai. Qui de nous pendant cinq mois a songé à quelque chose qui ne fût pas la patrie? Sitôt Paris ouvert, dans le flot de lettres qui envahit ma table, il y en avait une d'un médecin d'Alger m'annonçant que Raoul était bien malade et demandait des nouvelles de sa mère ; ce serait charité de lui en faire avoir. Pourquoi la mère, prévenue, continua-t-elle à ne pas donner signe de vie à son enfant? Je n'en ai jamais rien su. Mais le 9 février, elle recevait de Charles Jourdan ces lignes indignées : « Madame, votre fils est à l'hôpital. Il se meurt. Il demande des nouvelles de sa mère. Au nom de la pitié, envoyez deux mots de votre main à l'enfant que vous ne verrez plus. »

Et quelque temps après, m'arrivait la triste nouvelle :

« Raoul est mort à l'hôpital civil d'Alger, le 13 février dernier, après une longue et douloureuse agonie. Jusqu'au dernier moment il a demandé la caresse que sa mère lui a refusée. — Je souffre bien, me disait-il, un mot de ma mère calmerait ma souffrance, j'en suis sûr. — Ce mot n'est pas arrivé, n'a pas été envoyé... Croyez-moi, cette femme a été cruelle et sans pitié pour son enfant. Raoul adorait sa mère; et pourtant, à son lit de mort, il a porté sur elle un terrible jugement : — Je ne puis l'estimer ni comme mère, ni comme femme; mais tout mon cœur, prêt à cesser de battre, est rempli d'elle; je lui pardonne le mal qu'elle m'a fait. — Raoul m'a longuement parlé de vous avant de mourir. Au milieu de sa triste vie de souffrance et de privations il s'étonnait de trouver un souvenir doux et riant. — Dites-lui bien qu'au moment de quitter la vie, c'est lui et sa chère femme que je regrette de perdre. — Je m'étais très intimement lié avec le pauvre malade que vous nous aviez envoyé. J'habite une grande campagne inondée de fleurs et de soleil ; je voulais en faire la retraite ordinaire de Raoul, mais ce doux et excellent garçon craignait toujours d'être importun. Dans ces temps derniers, je le priai de venir se soigner chez moi. Il refusa et entra à l'hôpital, prétextant qu'il serait mieux soigné. La vérité est que le pauvre enfant sentait sa fin prochaine et ne voulait pas donner à un ami le triste spectacle de sa mort... »

⁂

Voilà ce que l'existence m'a fourni. Longtemps je ne vis dans cette histoire qu'une de ces mille tristesses extérieures qui traversent nos propres tristesses. Cela s'était passé trop près de moi pour mon regard de romancier ; l'étude humaine se perdait dans mon émotion personnelle. Un jour à Champrosay, assis avec Gustave Droz sur un arbre abattu, dans la mélancolie des bois, l'automne, je lui racontais la misérable existence de Raoul, à quelques pas de la masure en pierres rouges où elle s'était traînée aux heures de maladie et d'abandon.

« Quel beau livre à faire! » me dit Droz, très ému.

Dès ce jour, laissant de côté le *Nabab*, que j'étais en train de bâtir, je partis sur cette nouvelle piste avec une hâte, une fièvre, ce frémissement du bout des doigts qui me prend au début et à la fin de tous mes livres. En comparant l'histoire de Raoul et le roman de Jack, il est aisé de démêler le vrai et ce qui est d'invention, ou du moins — car j'invente peu — ce qui m'est venu d'ailleurs. Raoul n'a pas vécu à Indret, il n'a pas été chauffeur. Pourtant il m'a souvent raconté qu'au Havre, pendant son apprentissage, le voisinage de la mer, l'air voyageur où vibraient les cris des matelots, les coups de marteau du bassin de radoub, lui donnaient parfois envie de s'embarquer, d'accompagner dans ses courses autour du monde une des formidables machines que la maison Mazeline fabriquait.

Tout l'épisode d'Indret est imaginaire. Il me fallait un grand centre ouvrier du fer;

j'hésitais entre le Creuzot et Indret. Ce dernier me décida par la vie fluviale, la Loire et le port de Saint-Nazaire. Ce fut l'occasion d'un voyage et de bien des courses pendant l'été de 1874. Amenant là mon petit Jack, je voulais savoir dans quelle atmosphère, avec quels êtres j'allais le faire vivre. J'ai passé de longs moments dans l'île d'Indret, couru les halls gigantesques pendant le travail et aux heures plus impressionnantes du repos. J'ai vu la maison des Roudic avec son petit jardin ; j'ai monté et redescendu la Loire, de Saint-Nazaire à Nantes, sur une barque qui roulait et semblait ivre comme son vieux rameur, très étonné que je n'eusse pas pris plutôt le chemin de fer à *la Basse-Indre* ou le vapeur de Paimbœuf. Et le port, les transatlantiques, les chambres de chauffe visitées en détail, m'ont fourni les notes vraies de mon étude.

Pour ces excursions, j'étais presque toujours accompagné de ma femme et de mon petit garçon, — je n'en avais qu'un, à cette époque, — un joli gamin à boucles fauves, promenant dans ces milieux divers ses étonnements ingénus. Quand l'expédition était trop rude, la mère et l'enfant m'attendaient

dans une petite auberge de Piriac, vraie auberge bretonne, blanche et carrée comme un dé au bord de l'immense Océan, avec sa grande chambre aux lits rustiques, dont un en armoire dans la muraille crépie à la chaux, la cheminée garnie d'éponges, d'hippocampes comme chez les Roudic, deux petites croisées fermées de cette barre transversale des pays de côte, l'une sur la jetée et l'infini de la mer, l'autre découvrant des vergers, un coin d'église et de cimetière aux croix noires, serrées et bousculées, comme si le roulis des vagues voisines et le vent du large secouaient jusqu'aux tombes de la population marine. Au-dessous de nous était la salle, un peu bruyante le dimanche soir, où l'on chantait de vieux airs de pays dont l'écho se retrouve dans mon livre. Quelquefois, quand le beau brigadier Mangin était là, — mon Dieu, oui, le brigadier Mangin, je n'ai pas même changé son nom ni son grade, — notre aubergiste permettait d'écarter les bancs et de faire une ronde « au son des bouches ». Là venaient, avec leurs femmes, des pêcheurs, des matelots qui étaient nos amis, nous menaient dans leurs chaloupes déjeuner à l'île Dumet, ou bien au large, sur quelque roche. Ils savaient que la grosse mer n'effrayait pas plus mon petit Parisien que sa maman; et l'un d'eux, un ancien baleinier, nous disait qu'à voir toujours monsieur, madame et le petit garçon voyager ensemble, ça lui rappelait — sauf respect — trois souffleurs de la mer du Nord qui allaient toujours de conserve, le père, la mère, et le baleineau.

Dans toutes nos parties il n'était question que de Jack. On vivait tellement avec lui, qu'aujourd'hui, en songeant à ce coin de Bretagne, il me semble que mon pauvre Raoul était du voyage. Rentré à Paris, je ne me mis pas au travail tout de suite. Il manquait à mes notes la vie ouvrière parisienne. Je n'en savais que ce que raconte la rue de détresses, de débauches, de batailles; mais l'usine, le marchand de vin, les guinguettes au bord du lac de Saint-Mandé, où j'ai photographié la noce de Bélisaire, la poussière des Buttes-Chaumont où j'ai traîné des après-midi de dimanche, à boire de la bière aigre en regardant monter les cerfs-volants? Pour l'hôpital, qui tient une si large et lugubre place dans la vie du peuple, je le connaissais ; j'y avais fait de longues stations pendant la maladie de Raoul, sans compter le renseignement de ses articles. Mais les Goncourt ayant décrit à fond et définitivement la Charité dans *Sœur Philomène*, je ne pouvais recommencer après eux. Aussi y ai-je à peine touché, et seulement en de courts passages.

Ce qui m'a surtout servi pour peindre, dans la troisième partie de Jack, le peuple des faubourgs. ce sont mes souvenirs du siège et de la garde nationale, le bataillon ouvrier avec lequel j'ai roulé Paris et la banlieue quatre mois durant, dormi sur le bois moisi des baraques, sur la paille des wagons à bestiaux, et qui m'a appris à aimer le peuple même dans ses vices, faits de misère et d'ignorance. Le Bélisaire de mon livre — Offehmer, de son vrai nom — était avec moi à la *sixième* du *quatre-vingt-seizième;* et je le vois encore, avec ses pieds trop grands et difformes, rompant le rang par sa boiterie, toujours le dernier du bataillon dans l'interminable rue de Charenton. Le livre de Denis Poulot, *le Sublime*, à qui le beau roman de

Zola a fait depuis une popularité, m'a été aussi d'un grand secours, rempli d'expressions typiques, d'un argot spécial à certains corps de métier, de même que j'ai trouvé dans le *Manuel Roret* et les *Grandes Usines* de Turgan les détails techniques de ces intérieurs d'ateliers, nouveaux pour moi. Voilà les dessous d'un roman, la préparation, lente autant que possible, mais serrée et fournie, d'où jaillira pour l'écrivain l'invention, le style, le prestige vrai de l'œuvre. Et dire que certaines gens vous demandent deux mois après une publication nouvelle : « A quand le prochain livre?... Allons donc, paresseux. »

Les ratés et leur milieu m'ont coûté beaucoup moins de peine et de recherches. Je n'ai eu qu'à regarder derrière moi, dans mes vingt-cinq ans de Paris. Le pontifiant Dargenton existe tel que je l'ai montré, avec son front démesuré, ses crises imaginaires, son égoïsme aveugle et féroce de Bouddah impuissant. Pas un de ses « mots cruels » n'est inventé; je les ai cueillis sur sa bouche féconde à mesure qu'ils y fleurissaient, et sa foi en son génie est telle que s'il s'est vu peint en pied dans mon livre, solennel, noir et sinistre comme un huissier de campagne, il a dû sourire dédaigneusement et dire : « C'est l'envie !... » Labassindre se montre à dix exemplaires dans un café bien connu du boulevard, pendant l'été, le chômage des cabots. Hirsch est un type plus particulier : je voyais tous les jours, il y a quelque vingt ans, ce raté de la médecine, affolé, malpropre, un flacon d'ammoniaque dépassant la poche de son vaste gilet nankin, enragé pour soigner, droguer sans diplôme. Il avait toujours en train quelque victime sur laquelle il étudiait des médications bizarres et dangereuses ; puis, faute de malades, il se soigna lui-même et mourut, à l'hôpital de Bordeaux, des suites de son remède. Moronval, le mulâtre, a vécu, lui aussi ; il a collaboré à la *Revue Coloniale*, et après 1870 fut quelque temps député. Il habitait, quand je l'ai connu, une petite maison à jardin aux Batignolles, et vivait d'une demi-douzaine de négrillons expédiés de Port-au-Prince, de Taïti, ensemble élèves et domestiques, allant au marché et cirant les bottes en expliquant l'*Epitome*.

Du drame vivant et réel j'ai gardé en somme le personnage principal, les grands traits de sa vie et sa mort si cruelle. La mère, que je n'ai pas connue, je la donne telle que je l'ai devinée à travers les récits de son enfant. Vrai encore et comme la vérité, l'excellent docteur Rivals, un héros, un saint qui court depuis trente ans les routes familières à Jack et à son romancier. De peur de l'affliger, de gêner sa grande modestie, je n'ose donner ici son nom, que tout un peuple de paysans bénit depuis deux générations; qu'il me pardonne d'avoir, dans l'affabulation de mon livre, mêlé à sa noble existence, si droite et ouverte, un drame sinistre tiré d'ailleurs[1]. J'allais oublier deux autres témoins de la grande misère de Raoul, la femme du garde qui habite encore l'humble maison forestière où le pauvre petit trouva plus d'une fois place au feu et à la table, et

[1]. Il est mort aujourd'hui, il s'appelait le docteur Rouffy; son buste décore la jolie place verte du village de Draveil.

la vieille Salé à qui j'ai laissé son vrai nom, la paysanne à tête crochue, effroi de l'enfant abandonné qui rêvait d'elle dans ses nuits d'hôpital. C'est parfois une de mes faiblesses de garder leurs noms à mes modèles, de m'imaginer que le nom transformé ôte de leur intégrité à des créations qui sont presque toujours des réminiscences de la vie, des fantômes fatigants, hantants, et seulement apaisés lorsque je les fixe dans mon œuvre, aussi ressemblants que possible.

*
* *

Tous ces dessous bien établis, mes gens debout, mes chapitres en place, je me mis à l'œuvre. C'était toujours dans le grand cabinet de travail — aux deux larges et hautes fenêtres — du palais Lamoignon. Lisez les premières pages du chapitre intitulé *Jack en ménage*, vous aurez l'horizon de maisons ouvrières, de toitures de zinc, de hautes cheminées d'usine consolidées de longs cordages de fer, que mes yeux, lorsqu'ils se levaient du papier, voyaient à travers les vitres ruisselantes et la brume des jours parisiens. Le soir, toutes les fenêtres serrées sur ces hautes façades s'allumaient à tous les étages, découpant des silhouettes courageuses, des attitudes penchées au travail bien avant dans la nuit, surtout vers le jour de l'an, dont ce quartier de bimbelotiers alimente les baraques et les étalages. Mais les meilleures pages s'écrivaient encore à Champrosay, où les premiers lilas nous voyaient arriver pour une villégiature souvent prolongée jusqu'aux premières neiges.

Nos maisons de Paris les mieux gardées, les plus closes, sont encore ouvertes à trop de distractions et d'imprévu. C'est l'ami qui vous apporte son souci ou sa joie, le journal du matin aux nouvelles agitantes, le gêneur éhonté qui force les consignes, et la corvée mondaine, les dîners, les premières représentations, auxquels l'observateur, le peintre de mœurs modernes n'a pas le droit de se soustraire. A la campagne, l'espace est vaste, l'air libre, le temps long, et, disposant à son gré de sa personne et de ses heures, on a surtout la sécurité de cette indépendance, la sensation rassurante d'être bien seul avec son idée. C'est une ivresse de pensée et de travail. Je ne l'ai jamais mieux sentie qu'en écrivant *Jack*. Ces temps de production folle m'ont laissé des souvenirs délicieux. Bien avant le jour j'étais installé à ma table en bois blanc, à deux pas de mon lit, dans le cabinet de toilette. J'écrivais à la lampe, sous une fenêtre en tabatière, froide de rosée, qui me rappelait les années de misère du début. Des bêtes de nuit rôdaient sur le toit, grattant les tuiles, un hibou miaulait, des bœufs soufflaient dans la paille d'une étable à côté; et sans regarder le réveille-matin tic-taquant devant ma plume, sans lever les yeux sur les pâlissements de l'aube, je savais l'heure au chant des coqs, au mouvement d'une ferme voisine où sonnaient des claquements de sabots, la ferraille d'un seau pour l'eau des bêtes, des voix enrouées qui se hélaient dans le frisquet du petit jour, et des clameurs, des piaillements, de lourds battements d'ailes. Puis sur la route le pas somnolent des travailleurs passant par bandes ; et, un peu plus tard, une volée d'enfants courant vers l'école à une lieue de là, et faisant le train fuyard d'une compagnie de perdreaux.

Ce qui m'excitait, chauffait cette terrible et haletante besogne, c'est qu'à partir du mois de juin, et bien avant que j'eusse terminé mon livre, le *Moniteur* de Paul Dalloz en commencait la publication. J'ai cette habitude, qui peut sembler en contradiction avec ma méthode si lente et consciencieuse de travail, de livrer d'avance aux journaux les premiers chapitres achevés. J'y gagne d'être obligé de me séparer de mon œuvre, sans céder à ce désir tyrannique de perfection qui fait reprendre aux artistes et recommencer dix fois, vingt fois la même page. J'en sais qui s'épuisent ainsi, se consument stérilement pendant des années sur un même ouvrage, paralysent leurs qualités réelles et en arrivent à produire ce que j'appelle de la « littérature de sourd », dont les beautés, les finesses ne sont plus comprises que d'eux seuls.

J'y gagne encore de fouetter mon indolence

naturelle, ce lazzaronisme de race qui répugne aux longs efforts d'attention, de réflexion, et se double chez moi d'une horrible faculté analytique et critique. Une fois à l'eau, il faut nager; et c'est pourquoi je m'y jette résolument. Mais quelle fièvre, que de transes; et la peur de tomber malade, et l'angoisse de se sentir talonné par ce feuilleton aux enjambées dévorantes!

Jack fut terminé vers la fin d'octobre. J'avais mis près d'un an à l'écrire; c'est de beaucoup le plus long et le plus vite mené de tous mes livres. Aussi me laissa-t-il une fatigue dont j'allai, toujours avec mes deux chers compagnons de route, me remettre au bon soleil de la Méditerranée, dans les violettes de Bordighera. J'eus là des journées de véritable convalescence cérébrale, avec les silences, les contemplations absorbées de la nature, ces aspirations heureuses d'air pur et vivifiant qui suivent une grande maladie. A mon retour, *Jack* parut chez l'éditeur Dentu, en deux gros volumes, et n'eut pas le succès de vente de *Fromont*. C'est long et c'est cher, deux volumes, pour nos habitudes françaises. « Un peu trop de papier, mon fils, » me disait avec son bon sourire mon grand Flaubert à qui le livre est dédié. On me reprochait aussi de m'être trop acharné aux souffrances du pauvre martyr. George Sand m'écrivait qu'elle avait eu un tel serrement de cœur de sa lecture « qu'elle était restée trois jours sans pouvoir travailler ». Il fallait en effet que l'impression eût été vive pour déranger ce beau labeur courageux et imperturbable.

Eh oui! livre cruel, livre amer, livre lugubre. Mais qu'est-il auprès de *l'existence vraie* que je viens de raconter?

L'ILE DES MOINEAUX

Rencontre sur la Seine

A cette époque, je n'avais pas encore de rhumatismes, et, six mois de l'année, je travaillais dans mon bateau. C'était à dix lieues en amont de Paris, sur un joli coin de Seine, une Seine de province, champêtre et neuve, envahie de roseaux, d'iris, de nénufars, charriant de ces paquets d'herbages, de racines où les bergeronnettes fatiguées de voler s'abandonnent au fil de l'eau. Sur les pentes de chaque rive, des blés, des carrés de vigne ; çà et là quelques îles vertes, l'*île des Paveurs*, l'*île des Moineaux*, toute petite, vrai bouquet de ronces et de branches folles, dont j'avais fait mon escale de prédilection. Je poussais ma yole entre les roseaux, et lorsque avait cessé le bruissement soyeux des longues cannes, mon mur bien refermé sur moi, un petit port aux eaux claires, arrondi dans l'ombre d'un vieux saule, me servait de cabinet de travail, avec deux avirons en croix pour pupitre. J'aimais cette odeur de rivière, ce frôlement des insectes dans les roseaux, le murmure des longues feuilles qui frissonnent, toute cette agitation mystérieuse, infinie, que le silence de l'homme éveille dans la nature. Ce qu'il fait d'heureux, ce silence ! ce qu'il rassure d'êtres ! Mon île était plus peuplée que Paris. J'entendais des furetages sous l'herbe, des poursuites d'oiseaux, des ébrouements de plumes mouillées. On ne se gênait pas avec moi, on me prenait pour un vieux saule. Les demoiselles noires me filaient sous le nez, les chevesnes m'éclaboussaient de leurs bonds lumineux ; jusque sous l'aviron des hirondelles venaient boire.

Un jour, en pénétrant dans mon île, je trouve ma solitude envahie par une barbe blonde et un chapeau de paille. Je ne vois que cela d'abord, une barbe blonde sous un chapeau de paille. L'intrus ne pêche pas ; il est allongé dans son bateau, ses avirons croisés comme les miens. Il travaille, lui aussi, il travaille chez moi !... A première vue, nous eûmes l'un et l'autre la même grimace. Pourtant on se salua. Il fallait bien : l'ombre du saule était courte et nos deux bateaux se touchaient. Comme il ne paraissait pas disposé à s'en aller, je m'installai sans rien dire ; mais ce chapeau à barbe si près de moi dérangeait mon travail. Je le gênais probablement aussi. L'inaction nous fit parler. Ma yole s'appelait l'*Arlésienne*, et le nom de Georges Bizet nous mit tout de suite en rapport.

— Vous connaissez Bizet !... Par hasard, seriez-vous artiste ?

La barbe sourit et répondit modestement :

— Monsieur, je suis dans la musique.

En général, les gens de lettres ont la musique en horreur. On connaît l'opinion de Gautier sur « le plus désagréable de tous les bruits »; Leconte de Lisle, Banville, la partagent. Dès qu'on ouvre un piano, Goncourt fronce le nez. Zola se souvient vaguement d'avoir joué de quelque chose dans sa jeunesse ; il ne sait plus bien ce que

c'était. Le bon Flaubert, lui, se prétendait grand musicien; mais c'était pour plaire à Tourguéneff qui, dans le fond, n'a jamais aimé que la musique qu'on faisait chez les Viardot. Moi, je les aime toutes, en toqué, la savante, la naïve, celle de Beethoven, Glück et Chopin, Massenet et Saint-Saëns, la bamboula, le *Faust* de Gounod et celui de Berlioz, les chants populaires, les orgues ambulants, le tambourin, même les cloches. Musique qui danse et musique qui rêve, toutes me parlent, me donnent une sensation. La mélopée wagnérienne me prend, me roule, m'hypnotise comme la mer, et les coups d'archet en zigzag des Tziganes m'ont empêché de

voir l'Exposition. Chaque fois que ces damnés violons m'accrochaient au passage, impossible d'aller plus loin. Il fallait rester là jusqu'au soir devant un verre de vin de Hongrie, la gorge serrée, les yeux fous, tout le corps secoué au battement nerveux du tympanon.

Ce musicien tombant dans mon île m'acheva. Il s'appelait Léon Pillaut. De l'esprit, des idées, une jolie cervelle ; nous nous convînmes tout de suite. Revenus à peu près des mêmes choses, nos paradoxes faisaient cause commune. Dès ce jour, mon île fut à lui autant qu'à moi ; et comme son bateau, une norvégienne sans quille, roulait affreusement, il prit l'habitude de venir causer musique sur le mien. Son livre : *Instruments et musiciens*, qui l'a fait nommer professeur au Conservatoire, lui fredonnait déjà dans la tête, et il me le racontait. Nous l'avons vécu ensemble, ce livre.

Je retrouve l'intimité de nos bavardages entre ses lignes comme je voyais papilloter la Seine entre mes roseaux. Pillaut me disait sur son art des choses absolument neuves. Musicien de talent, élevé à la campagne, son oreille affinée a retenu et noté toutes les sonorités de la nature ; il entend comme un paysagiste voit. Pour lui, chaque bruit d'ailes a son frisson particulier. Les bourdonnements confus d'insectes, le cliquetis des feuilles d'automne, le « rigolage » des ruisseaux sur les cailloux, le vent, la pluie, le lointain des voix, des trains en marche, des roues criant aux ornières, toute cette vie champêtre, vous la trouverez dans son livre. Et bien d'autres choses encore, des critiques ingénieuses, une aimable érudition de fantaisiste, la biographie poétique de l'orchestre et de tous ses instruments, depuis la viole d'amour jusqu'aux trompettes Sax, racontée pour la première fois. Nous causions de cela sous notre saule, ou dans quelque auberge du bord de l'eau, en buvant du vin blanc boueux de l'année, en écrasant un hareng au coin d'une assiette ébréchée, au milieu des carriers et des gens de marine; nous en causions en tirant l'aviron, en courant la Seine et l'imprévu des petites rivières confluentes.

Oh! nos promenades sur l'Orge, jolie, moirée, toute noire d'ombre, embroussaillée de lianes odorantes comme un ruisseau d'Océanie! On allait devant soi, sans savoir. Par moment on passait entre des pelouses mondaines où traînait la queue d'un paon blanc, des robes claires faisant bouquet. Un tableau de Nittis. Au fond, le château, tout pimpant de sa flore de keepsake, plongeait sous les hauts ombrages opulents, brodés de roulades sonores, d'un gazouillis d'oiseaux de riches. Plus loin, nous retrouvions les fleurs sauvages de notre île, les ramures folles, les saules grisonnants et tordus, ou bien quelque vieux moulin, haut comme un château fort, avec sa passerelle verdie, ses grands murs irrégulièrement percés et sur le toit chargé de pigeons, de pintades, un frisson continu d'ailes que la grosse mécanique semblait mettre en mouvement... Et le retour au fil de l'eau, en chantant de vieux airs de nature! Des cris de paon sonnaient sur les pelouses vides; au milieu d'un pré, on voyait la petite voiture du berger qui ramassait au loin ses bêtes pour le parcage. Nous dérangions le martin-pêcheur, l'oiseau bleu des petites rivières; on se courbait à l'entrée de l'Orge, pour passer sous l'arche basse du pont, et tout à coup la Seine, apparue dans les brumes du crépuscule, nous donnait l'impression de la pleine mer.

Parmi tant de charmants vagabondages, un surtout m'est resté, un déjeuner d'automne dans une auberge du bord de l'eau.

Je revois ce matin frileux, la Seine lourde, triste, la campagne belle de silence, les fonds rouillés d'un petit brouillard pénétrant qui nous faisait relever le collet de nos paletots. L'auberge était un peu au-dessus de l'écluse du Coudray, un ancien relais de coche où les messieurs de Corbeil viennent faire la fête le dimanche, mais qui, dans la mauvaise saison, n'est fréquentée que par les gens de l'écluse, les équipes des chalands et des remorqueurs. En ce moment, le pot-au-feu fumait pour le passage de la *chaîne*. Dieu! la bonne bouffée de chaud, dès en entrant. « Et avec le bœuf, messieurs?... Ça vous irait-il, une tanche à la casserole? » Elle était exquise, cette tanche servie sur un gros plat de terre, dans un petit salon dont le papier avait un bon air de goguette bourgeoise. Le repas fini, la pipe allumée, on se mit à parler de Mozart. C'était bien une causerie d'automne. Dehors, sur la terrasse de l'auberge, je voyais, à travers les tonnelles défeuillées, une balançoire peinte en vert, un jeu de tonneau, les disques d'un tir à l'arbalète, tout cela grelottant au vent froid de la Seine, dans la tristesse attendrissante des lieux de plaisir abandonnés. « Tiens!... une épinette! » dit mon compagnon soulevant la housse poudreuse d'une longue table chargée d'assiettes. Il tâte l'instrument, en tire quelques notes fêlées, chevrotantes, et, jusqu'au jour tombant, nous nous sommes délicieusement grisés avec du Mozart...

FROMONT JEUNE ET RISLER AINÉ

La première idée de *Fromont jeune* me vint pendant une répétition générale de l'*Arlésienne* au théâtre du Vaudeville. Dans un magnifique décor de Camargue que les herses de gaz faisaient scintiller jusqu'à la toile de fond, la pastorale déroulait ses scènes lentes et rythmées qu'accompagnait, avec des refrains de vieux noëls et de marches antiques, la musique charmante de Bizet. En face de cette féerie passionnée qui me charmait, moi

Méridional, mais que je devinais un peu trop locale, trop simple d'action, je me disais que les Parisiens se lasseraient bientôt de m'entendre parler des cigales, des filles d'Arles, du mistral et de mon moulin, qu'il était temps de les intéresser à une œuvre plus près d'eux, de leur vie de tous les jours, s'agitant dans leur atmosphère; et comme j'habitais alors le Marais, j'eus l'idée toute naturelle de placer mon drame au milieu de l'activité ouvrière de ce quartier de commerce. L'association me tenta; fils d'industriel, je connaissais les tiraillements de cette collaboration commerciale, où des intérêts pareils accouplent pour une besogne de tous les instants, et quelquefois pendant des années, des êtres si divers de tempérament, d'éducation. Je savais les jalousies de ménage à ménage, l'âpre rivalité des femmes en qui les castes subsistent et luttent mieux encore que chez l'homme, et toutes les taquineries de l'habitation commune. A Nîmes, à Lyon, à Paris, j'avais dix modèles pour un, tous dans ma famille, et je me mis à penser à cette pièce dont le pivot d'action devait être l'honneur de la signature, de la raison sociale. Malheureusement, il faut de la passion quand même au théâtre. L'adultère y ramène tout à ses mensonges, à ses émotions, à ses dangers; et c'est ainsi que l'intérêt de mon étude s'est trouvé amoindri, déplacé, concentré sur Sidonie et ses aventures, quand l'association devait en être le motif principal; mais je compte bien y revenir quelque jour.

L'*Arlésienne*, comme on sait, ne réussit pas. Il était insensé de croire qu'en plein boulevard, à cette coquette encoignure de la Chaussée-d'Antin, sur le passage des modes, des caprices, du tourbillon chatoyant et changeant du Tout-Paris, on s'intéresserait à ce drame d'amour se passant dans une cour de ferme, une plaine de Camargue, embaumant les greniers pleins et les lavandes fleuries. Ce fut une chute resplendissante dans la plus jolie musique du monde, en costumes de soie et de velours, au milieu de décors d'opéra-comique. Je sortis de là découragé, écœuré, ayant encore dans les oreilles les rires niais causés par des scènes d'émotion, et, sans me défendre dans les journaux où chacun attaquait ce théâtre dénué de surprises, cette peinture en trois tableaux de mœurs et d'aventures dont j'étais seul à connaître l'absolue vérité, je résolus de ne plus faire de pièces, entassant l'un sur l'autre les comptes-rendus hostiles, comme un rempart à ma volonté. *Fromont* préparé, médité, presque à point, me parut pouvoir se transformer en roman. J'aurais dû alors changer l'armature de l'intrigue, rétablir l'ordre et la gradation des sentiments; mais rien n'est difficile comme ce bouleversement d'un travail où les morceaux se tiennent, s'assemblent, se complètent en mosaïque; rien n'est cruel comme cet avortement volontaire de nos conceptions quand l'esprit les a longtemps portées, douloureuses et vivantes. Et les éléments du drame — j'entends toujours le drame tel que je l'avais compris, et non comme il fut joué plus tard, — m'ayant servi pour le roman, voilà comme il se fait que la fable dans *Fromont jeune* est un peu convenue et romanesque avec des types et des milieux strictement vrais, copiés d'après nature.

D'après nature !

Je n'eus jamais d'autre méthode de travail. Comme les peintres conservent avec soin des albums de croquis où des silhouettes, des attitudes, un raccourci, un mouvement de bras ont été notés sur le vif, je collectionne depuis trente ans une multitude de petits cahiers sur lesquels les remarques, les pensées n'ont parfois qu'une ligne serrée, de quoi se rappeler un geste, une intonation, développés, agrandis plus tard pour l'harmonie de l'œuvre importante. A Paris, en voyage, à la campagne, ces carnets se sont noircis sans y penser, sans penser même au travail futur qui s'amassait là; des noms propres s'y rencontrent que quelquefois je n'ai pu changer, trouvant aux noms une physionomie, l'empreinte ressemblante des gens qui les portent. Après certains de mes livres on a crié au scandale, on a parlé de *romans à clefs;* on a même publié les clefs, avec des listes de personnages célèbres, sans réfléchir que, dans mes autres ouvrages, des figures vraies avaient posé aussi, mais inconnues, mais perdues dans la foule où personne n'aurait songé à les chercher.

N'est-ce pas la vraie façon d'écrire le roman, c'est-à-dire l'histoire de gens qui n'auront jamais d'histoire? Tous les personnages de *Fromont* ont vécu ou vivent encore. Avec le vieux Gardinois, j'ai fait de la peine à quelqu'un que j'aime de cœur, mais je n'ai pu supprimer ce type de vieillard égoïste et terrible, de parvenu implacable qui,

parfois, sur la terrasse de son parc, enveloppant de son regard avide les grands bâtiments de la ferme et du château, les bois, les cascades, disait à ses enfants assemblés : « Ce qui me console de mourir, c'est qu'après moi, aucun de vous ne sera assez riche pour conserver tout cela. » Le caissier Planus s'appelait Schérer. Je l'ai connu dans une maison de banque de la rue de Londres, remuant la tête devant sa caisse pleine, murmurant de son accent tudesque avec une douceur tragi-comique : « Fui, fui,

te l'archent, peaucoup t'archent, mais chai bas gonvianze. » Sidonie existe, elle aussi, et l'intérieur médiocre de ses parents, et la petite boîte à diamants de la mère Chèbe dans un coin de la commode Empire, seul luxe pendant longtemps du pauvre ménage Chèbe. Seulement la vraie Sidonie n'était pas si noire que je l'ai faite. Intrigante, ambitieuse, étourdie de sa nouvelle fortune, ivre de plaisirs et de toilettes extravagantes, mais incapable de l'adultère à domicile, imaginé surtout en vue des scènes à effet. Madame Gardinois fait encore reluire ses bagues avec la même conscience, là-bas, en province ; mais elle ne lira jamais ce livre, elle ne lit pas, ses doigts sont trop occupés. Risler est un souvenir d'enfance. Ce grand blond, dessinateur de fabrique, travaillait chez mon père. D'Alsacien, je l'ai naturalisé Suisse pour ne pas mêler à mon livre le patriotisme sentimental, la tirade aux applaudissements faciles. Enfin Delobelle a vécu près de moi, et dix fois il m'a répété : « Je n'ai pas le droit de renoncer au théâtre. » En lui, pour le compléter jusqu'au type, j'ai résumé tout ce que je savais sur les comédiens, leurs manies, leur difficulté à reprendre pied dans l'existence en sortant de scène, à garder une individualité sous tant de changeantes défroques. J'ai là, parmi d'anciennes notes feuilletées pour écrire ceci, une « Bénédiction de la mer », racontée par un acteur, qui est bien la chose la plus extraordinaire du monde. Je ne la transcris pas, désespérant de pouvoir rendre les roulements d'yeux et de voix, l'attendrissement de trois-quarts, le halètement, la pose tremblée des grandes émotions qui accompagnaient ce singulier récit, entendu au foyer de l'ancien Vaudeville. Et voici encore, sur un cahier de croquis, l'étonnante attitude d'un autre Delobelle devant sa maison brûlée par les Prussiens, traduisant un sentiment de regret bien naturel par la facticité de gestes la plus comique ; car c'est la spécialité de cette race qui fait son étude d'interpréter la vie, de tout comprendre à faux et de garder dans les yeux l'optique convenue, sans ombre, des planches. Delobelle était donc bien campé en mon esprit, mais je ne l'avais pas encore complété par la famille, quand j'assistai, vers cette époque, à l'enterrement de la fille d'un grand comédien; je vis là, dans une cour de la rue de Bondy, le monde théâtral au grand complet, et tout ce que j'ai noté plus tard à la mort de la petite Désirée, les entrées typiques des invités, le jeu de pompes de leurs poignées de mains, variées selon les habitudes de leurs rôles, la larme écrasée au coin de l'œil et regardée au bout du gant. Tout de suite l'idée me vint de donner une fille à Delobelle, et je voulais la faire, cette enfant, ayant hérité un brin de l'extravagance paternelle, transformé l'exaspération artistique en doux sentimentalisme de femme et d'infirme. En raison même de cette infirmité, et comme contraste, je lui donnai un métier de luxe, de fantaisie. J'en fis d'abord une habilleuse de poupées, pour que cette humble, cette disgraciée pût contenter au moins ses goûts de délicatesse et d'élégance, vêtir ses rêves, à défaut d'elle-même, de rognures de soie et

de galon doré. Le métier était bien de ce Marais bruissant et bourdonnant dont les

maisons noires, à cinq étages, les vieux hôtels écussonnés abritent le plaisir en préparation de Paris, laissent traîner dans la poussière de leurs mansardes et de leurs escaliers à ferrures des parcelles d'or fin et de bois précieux. Entrez dans ces allées étroites, gravissez ces escaliers tristes; par les portes entr'ouvertes sur chaque palier, vous apercevrez sous la lampe à schiste, autour d'un maigre feu, des femmes, des enfants qui travaillent. Un peu de laiton, un peu de colle, du papier doré, du velours, et c'est assez, malgré la misère et le froid, pour fabriquer du bout des doigts, presque sans outils, par l'adresse et l'ingéniosité seules, ces menus objets « jolis et bien faits », comme disent en vous les offrant les camelots : pierrots, danseurs, papillons qui battent des ailes, merveilles de quatre sous, joujoux de pauvres fabriqués par des pauvres, en qui se marque le goût si fin, si bon enfant, de cet étonnant peuple parisien.

En racontant mon livre tout haut, comme c'est ma manie alors que je le construis intérieurement, je parlai un jour à André Gill, le dessinateur-peintre qui était de tout point un artiste, de cette petite Delobelle, telle que j'étais en train de l'écrire; il m'avertit que dans un roman de Dickens que je ne connaissais pas, *l'Ami commun*, se trouvait exactement la même affabulation d'une jeune fille infirme, habilleuse de poupées, rendue avec cette tendresse profonde des humbles, cette féerie de la rue du grand romancier anglais. Ce fut une occasion de me rappeler combien de fois on m'avait comparé à Dickens, même en un temps lointain où je ne l'avais pas lu, bien avant qu'un ami, au retour d'un voyage en Angleterre, ne m'eût appris la sympathie de David Copperfield pour le Petit Chose. Un auteur qui écrit selon ses yeux et sa conscience n'a rien à répondre à cela, sinon qu'il y a certaines parentés d'esprit dont on n'est pas soi-même responsable, et que le jour de la grande fabrication des hommes et des romanciers, la nature, par distraction, a bien pu mêler les pâtes. Je me sens au cœur l'amour de Dickens pour les disgrâciés et les pauvres, les enfances mêlées aux misères des grandes villes; j'ai eu comme lui une entrée de vie navrante, l'obligation de gagner mon pain avant seize ans; c'est là, j'imagine, notre plus grande ressemblance. Malgré tout, je fus désespéré de cette conversation avec Gill, et, renonçant à mon habilleuse, j'essayai de trouver à la petite Delobelle un autre métier. Mais ces choses ne s'inventent point; et comment trouver une profession aussi poétiquement chimérique que celle d'habilleuse de poupées, permettant ce que j'avais voulu faire : la grâce exquise dans la misère, le rêve souriant sous les toits noirs, les doigts donnant un corps aux envolées du désir. Ah! j'en fouillai des maisons sombres, cette année-là, j'en grimpai des escaliers froids à rampe de corde, cherchant mon milieu idéal dans le nombre infini des petits métiers. Je désespérais, à la fin; mais mon entêtement devait trouver sa récompense. Un jour, rue du Temple, sur un cartouche de cuir bouilli, dans un de ces cadres où, pour la commodité des chalands, sont inscrites et affichées toutes les industries d'une maison, je lus ces lettres d'or fané qui m'éblouirent :

Cette habitude de raconter mes livres dont je parlais plus haut, est chez moi un procédé de travail. Tout en expliquant mon œuvre aux autres, j'élucide ainsi mon sujet, je m'en pénètre, j'essaie sur l'auditeur les passages qui porteront, et le discours m'amène des surprises, des trouvailles que je retiens grâce à une excellente mémoire. Malheur au visiteur qui m'interrompt dans ma fièvre de création. Je continue impitoyablement devant lui, parlant au lieu d'écrire, rattachant tant bien que mal, pour qu'elles lui soient intelligibles, les différentes parties de mon roman, et malgré l'ennui, la distraction visible des regards qui essayent de fuir une improvisation abondante, je bâtis mon chapitre, je le développe en paroles. A Paris, dans mon cabinet de travail, à la campagne, dans mes promenades à travers champs ou en bateau, j'ai fatigué ainsi bien des camarades qui ne se doutaient guère de leur collaboration muette. Mais c'est ma femme qui a le plus supporté ces redites du travail parlé, du sujet tourné et retourné vingt fois de suite : « Que penserais-tu de faire mourir Sidonie?... Si je laissais vivre Risler?... Que doit dire Delobelle ou Frantz ou Claire en telle circonstance? » Cela du matin au soir, à toutes les minutes, aux repas, en voiture, en allant au théâtre, en revenant de soirée, pendant ces longues

courses de fiacre qui traversent le silence et le sommeil de Paris. Ah! pauvres femmes d'artistes! Il est vrai que la mienne est tellement artiste elle-même, elle a pris une telle part à tout ce que j'ai écrit! Pas une page qu'elle n'ait revue, retouchée, où elle n'ait jeté un peu de sa belle poudre azur et or. Et si modeste, si simple, si peu femme de lettres. J'avais exprimé un jour tout cela, et le témoignage d'une tendre collaboration infatigable, dans la dédicace du *Nabab;* ma femme n'a pas permis que cette dédicace parût, et je l'ai conservée seulement sur une dizaine d'exemplaires d'amis, très rares maintenant, que je recommande aux amateurs.

On connaît mon procédé de travail. Toutes mes notes prises, les chapitres en ordre et séparés, les personnages bien vivants, debout dans mon esprit, je commence à écrire vivement, à la grosse. Je jette les idées et les événements sans me donner le temps d'une rédaction complète ni même correcte, parce que le sujet me presse, me déborde, et les détails, et les caractères. Cette page noircie, je la passe à mon collaborateur, je la revois encore à mon tour, enfin je recopie, avec quelle joie! Une joie d'écolier qui a fini sa tâche, retouchant encore certaines phrases, complétant, affinant : c'est la meilleure période du travail. Fromont fut fait ainsi dans un des plus vieux hôtels du Marais où mon cabinet, aux vastes fenêtres claires, donnait sur les verdures, les treillages noircis du jardin. Mais au delà de cette zone de calme et de pépiements d'oiseaux, c'était la vie ouvrière des faubourgs, la fumée droite des usines, le roulement des camions, et j'entends encore sur le pavé d'une cour voisine les cahots d'une petite brouette de commerce qui, au moment des étrennes, trimballait des tambours d'enfants jusque dans la nuit de sept heures du soir.

Rien de sain, de montant comme de travailler dans l'atmosphère même de son sujet, le milieu où l'on sent se mouvoir ses personnages. La rentrée, la sortie des ateliers, les cloches des fabriques, passaient sur mes pages à heures fixes. Pas le moindre effort pour trouver la couleur, l'atmosphère ambiante; j'en étais envahi. Tout le quartier m'aidait, m'enlevait, travaillait pour moi. Aux deux bouts de l'immense pièce, ma table longue, le petit bureau de ma femme, et courant, passant la copie de l'un à l'autre, mon fils aîné, carabin maintenant, alors un bambin aux épaisses boucles blondes tombant sur son petit tablier noir pour l'encre de ses premiers *bâtons*. Un des meilleurs souvenirs de ma vie d'écrivain.

Parfois pourtant j'avais besoin d'un détail plus lointain, d'une note prise à un endroit spécial; alors toute la famille se mettait en route pour aller chercher l'impression. Le dîner de Risler et de Sigismond après la ruine, je l'ai fait avec ma femme et mon enfant au Palais-Royal, à l'heure de la musique, quand les chaises de paille en cercle, les attitudes lasses des gens qui écoutent jusqu'à l'égouttement du jet d'eau dans la poussière d'une chaude journée finissante,

dégagent une mélancolie toute particulière : le vide, la province du Paris d'été. Je m'en sentis imprégné; et tout à mon sujet, vivement ému tout à coup par cette banale musique militaire, je me la figurais accompagnant en sourdine la triste conversation de mes deux bonnes gens. La mort de Risler nécessita encore une plus longue expédition ;

j'avais dans la mémoire la petite maison de l'éditeur Poulet-Malassis, là-bas, vers les fortifications, et j'y avais installé Planus en face des pentes vertes à fleurs jaunes, froissées, pelées par les promeneurs du dimanche.

Il fallait revoir le pays, suivre la piste de Risler du seuil de la maison à la voûte noire où il devait se pendre, proche cette caserne d'où l'on découvre Paris comme on le voit des banlieues, en masse enfumée et serrée de coupoles, d'aiguilles et de toits, avec des perspectives d'un port immense dont les cheminées seraient les mâts. Dès lors je tenais tous les cadres à mes chapitres. Je n'avais plus qu'à écrire, et dans ces conditions, le drame imagé pour ainsi dire, illustré par mes souvenirs et mes promenades, le travail était à demi fait.

Fromont jeune et Risler aîné parut en feuilletons au *Bien Public*, et pendant sa publication, je sentis pour la première fois autour de mon œuvre l'intérêt sérieux de la foule. Claire et Désirée avaient des amis, on me reprochait la mort de Risler, des lettres intercédaient pour la petite boiteuse. La vie n'a rien de meilleur que ce lever de la popularité, cette première communication du lecteur avec l'auteur.

Le livre était pour l'éditeur Charpentier, installant alors quai du Louvre, dans un gai logis plein de soleil, ce charmant et amical intérieur, devenu un véritable rendez-vous de lettres. C'est en sortant de chez lui, après une soirée d'arrière-saison, vers le mois de mai, que j'eus devant la Seine moirée de reverbères, parmi les alignements de fleurs du marché du lendemain. la vision très nette de la mort de Désirée Delobelle.

Le succès en librairie m'étonna beaucoup. Accepté jusque-là dans un petit groupe artistique, je n'avais jamais songé à la grande publicité, et je me rappelle mon heureuse surprise à l'annonce d'une seconde édition quand, quelques jours après l'apparition de mon livre, je venais en tremblant m'informer de sa fortune.

Bientôt les tirages se succédèrent, puis ce furent des demandes de traduction pour l'Italie, l'Allemagne, l'Espagne, la Suède, le Danemark; l'Angleterre y vint aussi, mais tardivement. C'est le pays où j'ai été le plus lent à pénétrer, avec un goût des choses intimes qui, là mieux qu'ailleurs, semblait-il, aurait dû plaire.

Un détail pour finir.

Nous avions en ce temps chez Gustave Flaubert des réunions du dimanche qui ont fait peu à peu, d'un petit groupe d'écrivains unis dans le respect et la passion des lettres, un groupe de vrais amis. C'était rue Murillo, dans une suite de petites pièces donnant sur les massifs soignés, les fausses ruines du parc Monceau. Là dedans un silence d'hôtel particulier ouvert sur un parc, et une liberté de causerie artistique qui m'a procuré de fines jouissances. Toujours entre nous quatre, quelquefois cinq, quand Tourguéneff n'avait pas la goutte, un dîner qui s'appelait crânement « le dîner des auteurs sifflés » nous réunissait chaque mois, où l'on maudissait l'indifférence des temps pour la littérature, l'effarement du public à toute révélation nouvelle. Le fait est qu'aucun de nous n'avait la fortune de lui plaire, à ce terrible public.

Flaubert subissait la mélancolie des succès passés, savourés jusqu'à la lie, jusqu'aux reproches de la critique et de la foule vous rejetant toujours à votre premier livre, faisant de *Madame Bovary* un obstacle glorieux à *Salammbô*, à l'*Éducation sentimentale*. Goncourt semblait las, écœuré d'un grand effort dont profiterait toute une nouvelle génération de romanciers et qui le laisserait, du moins le pensait-il, lui, l'instigateur, presque inconnu. Brusquement je me trouvai le seul de tous qui sentît venir à lui la vogue à plusieurs mille d'exemplaires, et j'en étais gêné, presque honteux, vis-à-vis d'écrivains de cette valeur. Chaque dimanche, quand j'arrivais, on m'interrogeait : « Et les éditions?... A combien en êtes-vous? » Chaque fois, il fallait avouer de nouveaux tirages ; vraiment je ne savais plus où me mettre, moi et mon succès. « Nous ne nous vendrons jamais, nous autres, » disait Zola sans envie, mais avec un peu de tristesse.

Il y a douze ans de cela. Aujourd'hui ses

romans se débitent à cent éditions ; ceux de Goncourt sont dans toutes les mains, et je souris quand me revient cette note navrée, résignée : « Nous ne nous vendrons jamais, nous autres ! »

TOURGUÉNEFF

C'était il y a dix ou douze ans chez Gustave Flaubert, rue Murillo. Des petites pièces coquettes, habillées d'algérienne, ouvertes sur le parc Monceau, le jardin aristocratique et correct qui tendait aux fenêtres des stores de verdure. On se réunissait là chaque dimanche, cinq ou six, toujours les mêmes, dans une exquise intimité. Huis clos pour les comparses et les fâcheux.

Un dimanche que je venais à l'ordinaire

retrouver le vieux Maître et les amis, Flaubert m'empoigne dès la porte :

— Vous ne connaissez pas Tourguéneff? Il est là.

Et sans attendre ma réponse, il me pousse dans le salon. Du divan où il s'allongeait, un grand vieux à barbe de neige se dressa en me voyant entrer, déroulant sur le tas des coussins les anneaux de son corps de boa aux yeux étonnés, énormes.

Nous autres Français, nous vivons dans une ignorance extraordinaire de toute littérature étrangère. Notre esprit est aussi casanier que nos membres, et, par horreur des voyages, nous ne lisons pas plus que nous ne colonisons, dès qu'on nous dépayse. Par hasard, je savais à fond l'œuvre de Tourguéneff. J'avais lu avec une grande émotion les *Mémoires d'un Seigneur russe*, et ce livre, rencontré, m'avait conduit à l'intimité des autres. Nous étions liés sans nous connaître, par l'amour des blés, des sous-bois, de la nature, une compréhension jumelle de son enveloppement.

En général, les descriptifs n'ont que des

yeux et se contentent de peindre. Tourguéneff a l'odorat et l'ouïe. Tous ses sens ont des portes ouvertes les uns sur les autres. Il est plein d'odeurs de campagne, de bruits d'eaux, de limpidités de ciel, et se laisse bercer, sans parti pris d'école, par l'orchestre de ses sensations.

Cette musique-là n'arrive pas à toutes les oreilles. Les citadins, assourdis dès l'enfance par le mugissement des grandes villes, ne la percevront jamais; ils n'entendront pas les voix qui parlent dans le faux silence des bois, quand la nature se croit seule, et que l'homme, qui se tait, s'est fait oublier. Vous souvenez-vous d'une chute d'avirons au fond d'un canot, que vous avez entendue quelque part sur un lac de Fenimore Cooper? La barque est à des lieues, on ne la voit point; mais les bois sont agrandis par ce bruit lointain vibrant sur l'eau dormante, et nous avons senti le frisson de la solitude.

Ce sont les steppes de Russie qui ont épanoui les sens et le cœur de Tourguéneff. On devient bon à écouter la nature, et ceux qui l'aiment ne se désintéressent pas des hommes. De là cette douceur apitoyée, triste comme un chant de moujik, qui sanglote au fond des livres du romancier slave. C'est le soupir humain dont parle la chanson créole, cette soupape qui empêche le monde d'étouffer : « Si pas té gagné, soupi n'en mouné, mouné t'a touffé. » Et ce soupir, sans cesse répété, fait des *Mémoires d'un Seigneur russe* comme une autre *Case de l'oncle Tom,* moins la déclamation et les cris.

Je savais tout cela quand je rencontrai Tourguéneff. Depuis longtemps il trônait dans mon Olympe, sur une chaise d'ivoire, au rang de mes dieux. Mais, loin de soupçonner sa présence à Paris, je ne m'étais jamais demandé s'il était mort ou vivant. On devine donc mon étonnement quand je me trouvai tout d'un coup en face de lui dans un salon parisien, au troisième étage sur le parc Monceau.

Je lui contai gaiement la chose et lui exprimai mon admiration. Je lui dis que je l'avais lu dans les bois de Sénart. Là j'avais retrouvé son âme, et les doux souvenirs du paysage et de ses livres étaient si bien mêlés pour moi, que telle de ses nouvelles m'était restée dans la pensée sous la couleur d'un petit champ de bruyère rose, déjà fané par l'automne.

Tourguéneff n'en revenait pas.
— Comment, vous m'avez lu?
Et il me donna des détails sur le peu de

vente de ses livres, l'obscurité de son nom en France. Hetzel l'imprimait comme par charité. Sa popularité n'avait pas passé la frontière. Il souffrait de vivre inconnu d'un pays qui lui était cher, confessait ses déboires un peu tristement, mais sans rancœur. Au contraire, nos désastres de 1870 l'avaient attaché davantage à la France. Il ne pouvait plus la quitter. Avant la guerre, il passait ses étés à Bade, maintenant il n'irait plus là-bas, se contenterait de Bougival et des bords de la Seine.

Justement, ce dimanche-là, il n'y avait personne chez Flaubert et notre tête-à-tête se prolongea. Je questionnai l'écrivain sur sa méthode de travail et m'étonnai qu'il ne fît pas lui-même ses traductions, car il parlait un français très pur, avec un soupçon de lenteur, à cause de la subtilité de son esprit.

Il m'avoua que l'Académie et son dictionnaire le gelaient. Il le feuilletait dans le tremblement, ce formidable dictionnaire, comme un code où seraient formulés la loi des mots et les châtiments des hardiesses. Il sortait de ses recherches la conscience bourrelée de scrupules littéraires qui tuaient sa veine, et le dégoûtaient d'oser. Je me souviens que dans une nouvelle qu'il écrivait alors, il n'avait pas cru pouvoir risquer « ses yeux pâles » par peur des Quarante et de leur définition de l'épithète.

Ce n'était pas la première fois que je me heurtais à ces inquiétudes ; je les avais déjà trouvées chez mon ami Mistral, fasciné lui aussi par la coupole de l'Institut, le monument macaronique qui décore en médaillon circulaire la couverture des éditions Didot.

A ce sujet, je dis à Tourguéneff ce que j'avais sur le cœur, que la langue française n'est pas une langue morte, à écrire avec un dictionnaire d'expressions définitives classées comme dans un Gradus. Pour moi, je la sentais frémissante de vie et houleuse, un beau fleuve roulant à pleins bords. Le fleuve ramasse bien des scories en route, on y jette tout ; mais, laissez couler, il fera son tri lui-même.

Là-dessus, comme la journée s'avançait, Tourguéneff dit qu'il allait chercher « ces dames » au concert Pasdeloup, et je descendis avec lui. J'étais enchanté d'apprendre qu'il aimait la musique. En France, les gens de lettres l'ont généralement en horreur, la peinture a tout envahi. Théophile Gautier, Saint-Victor, Hugo, Banville, Goncourt, Zola, Leconte de l'Isle, tous musicophobes. A ma connaissance, je suis le premier qui ai confessé tout haut mon ignorance des couleurs et ma passion des notes; cela tient sans doute à mon tempérament méridional et à ma myopie, un sens s'est développé au détriment de l'autre. Chez Tourguéneff, le goût musical était une éducation parisienne. Il l'avait pris dans le milieu où il vivait.

Ce milieu, c'était une intimité de trente ans avec Mme Viardot, Viardot la grande chanteuse, Viardot-Garcia, la sœur de la Malibran. Isolé et garçon, Tourguéneff habitait depuis des années dans l'hôtel de la famille, 50, rue de Douai. « Ces dames » dont il m'avait parlé chez Flaubert étaient Mme Viardot et ses filles qu'il aimait comme ses propres enfants. C'est dans cette demeure hospitalière que je vins le visiter.

L'hôtel était meublé avec un luxe raffiné, un grand souci d'art et de sensations confortables. En traversant le rez-de-chaussée, j'aperçus, dans une ouverture de porte, une galerie de tableaux. Des voix fraîches, des

voix de jeunes filles perçaient les tentures. Elles alternaient avec le contralto passionné d'*Orphée* qui remplissait l'escalier, montait avec moi.

En haut, au troisième, un petit appartement calfeutré, capitonné, encombré comme un boudoir. Tourguéneff avait emprunté à ses amis leurs goûts d'art : la musique à la femme, la peinture au mari.

Il était couché sur un sofa.

Je m'assis près de lui. Et tout de suite on reprit la conversation de l'autre jour.

Il avait été frappé de mes observations et promit d'apporter au prochain dimanche de Flaubert une nouvelle que l'on traduirait sous ses yeux. Puis il me parla d'un livre qu'il voulait faire, *les Terres vierges*, une sombre peinture des couches nouvelles qui grouillent dans les profondeurs de la Russie, l'histoire de ces pauvres « simplifiés » qu'un malentendu navrant pousse dans les bras du peuple. Le peuple ne les comprend pas, les raille et les repousse. Et tandis qu'il me parlait, je songeais qu'en effet la Russie est bien une terre vierge, une terre molle encore, où le moindre pas marque sa trace, une terre où tout est neuf, à faire, à explorer. Chez nous, au contraire, il n'y a plus une allée déserte, un sentier que la foule n'ait piétiné; et, pour ne parler que du roman, l'ombre de Balzac est au bout de toutes ses avenues.

A partir de cette entrevue nos rapports devinrent fréquents. Entre tous les moments passés ensemble, j'ai le souvenir d'une après-midi de printemps, d'un dimanche de la rue Murillo, qui m'est resté dans l'esprit, unique, lumineux. On parlait de Gœthe, et Tourguéneff nous avait dit : « Vous ne le connaissez pas. » Le dimanche suivant, il nous apporta *Prométhée* et le *Satyre*, ce conte voltairien, révolté, impie, élargi en poème dramatique. Le parc Monceau nous envoyait ses cris d'enfants, son clair soleil, la fraîcheur de ses verdures arrosées, et nous quatre, Goncourt, Zola, Flaubert et moi, émus de cette improvisation grandiose, nous écoutions le génie traduit par le génie. Cet homme qui tremblait la plume à la main avait, debout, toutes les audaces du poète, ce n'était pas la traduction menteuse qui fige et qui pétrifie, Goethe vivait et nous parlait.

Souvent aussi Tourguéneff venait me trouver au fond du Marais, dans le vieil hôtel Henri II que j'habitais alors. Il s'amusait du spectacle étrange de cette cour d'honneur, de cette royale demeure à pignons, à moucharabies, encombrée par les petites industries du négoce parisien, fabricants de toupies, d'eau de seltz et de dragées. Un jour qu'il entrait, colossal, au bras de Flaubert, mon petit garçon me dit tout bas : « C'est donc des géants ! » Oh! oui, géants, bons géants, larges cerveaux, grands cœurs en proportion de l'encolure. Il y avait un lien, une affinité de naïve bonté entre ces deux natures géniales. C'était George Sand qui les avait mariés. Flaubert, hâbleur, frondeur, Don Quichotte, avec sa voix de trompette aux gardes, la puissante ironie de son observation, ses allures de Normand de la conquête, était bien la moitié virile de ce mariage d'âmes; mais qui donc dans cet autre colosse aux sourcils d'étoupe, aux méplats immenses, aurait deviné la femme, cette femme à délicatesses aiguës que Tourguéneff a peinte dans ses livres, cette Russe nerveuse, alanguie, passionnée, endormie comme une Orientale, tragique comme une force en révolte? Tant il est vrai que dans le brouhaha de la grande fabrique humaine les âmes se trompent souvent d'enveloppes, âmes d'hommes dans des corps femmelins, âmes de femmes dans des carcasses de cyclopes.

C'est à cette époque qu'on eut l'idée d'une réunion mensuelle où les amis se rencontreraient autour d'une bonne table ; cela s'appela « le dîner Flaubert », ou « le dîner des auteurs sifflés ». Flaubert en était pour l'échec de son *Candidat*, Zola avec *Bouton de Rose*, Goncourt avec *Henriette Maréchal*, moi pour mon *Arlésienne*. Girardin voulut se glisser dans notre bande ; ce n'était pas un littérateur, on l'élimina. Quant à Tourguéneff, il nous donna sa parole qu'il avait été sifflé en Russie, et, comme c'était très loin, on n'y alla pas voir·

Rien de délicieux comme ces dîners d'amis, où l'on cause sans gêne, l'esprit éveillé, les coudes sur la nappe. En gens d'expérience, nous étions tous gourmands. Par exemple, autant de gourmandises que de tempéraments, de recettes que de provinces. Il fallait à Flaubert des beurres de Normandie et des canards rouennais à l'étouffade ; Edmond de Goncourt, raffiné, exotique, réclamait des confitures de gingembre ; Zola, les oursins et les coquillages ; Tourguéneff dégustait son caviar.

Ah! nous n'étions pas faciles à nourrir, et les restaurants de Paris doivent se souvenir de nous. On en changeait souvent. Tantôt c'était chez Adolphe et Pelé, derrière l'Opéra, tantôt place de l'Opéra-Comique; puis chez Voisin, dont la cave apaisait toutes les exigences, réconciliait les appétits.

On s'attablait à sept heures, à deux heures on n'avait pas fini. Flaubert et Zola dînaient en manches de chemise, Tourguéneff s'allongeait sur le divan; on mettait les garçons à la porte, — précaution bien inutile, car le « gueuloir » de Flaubert s'entendait du haut en bas de la maison, — et l'on causait littérature. Nous avions toujours un de nos livres qui venait de paraître. C'étaient la *Tentation de Saint-Antoine* et les *Trois Contes* de Flaubert, la *Fille Élisa* de Goncourt, l'*Abbé Mouret* de Zola; Tourguéneff apportait les *Reliques vivantes* et les *Terres Vierges*, moi *Fromont, Jack*. On se parlait à cœur ouvert, sans flatterie, sans complicité d'admiration mutuelle.

J'ai là sous les yeux une lettre de Tourguéneff d'une grande écriture étrangère ancienne, une écriture de manuscrit, que je transcris tout entière, car elle donne bien le ton de sincérité de nos rapports :

« Lundi, 24 mai 77.

« Mon cher ami,

« Si je ne vous ai parlé jusqu'à présent de votre livre, c'est que je voulais le faire longuement et ne pas me contenter de quelques phrases banales. Je remets tout cela à notre entrevue, qui aura lieu bientôt, je l'espère, car voilà Flaubert qui revient un de ces jours, et nos dîners recommenceront.

« Je me borne à dire une chose : le *Nabab* est le livre le plus remarquable et le plus inégal que vous ayez fait. Si *Fromont et Risler* est représenté par une ligne droite —, le *Nabab* doit être figuré ainsi : /\/\/\/\, et les sommets des zigzags ne peuvent être atteints que par un *talent de premier ordre.*

« Je vous demande pardon de m'expliquer si géométriquement.

« J'ai eu une très longue et très violente attaque de goutte. Je ne suis sorti pour la première fois qu'hier — et j'ai les jambes et les genoux d'un homme de quatre-vingt-dix ans. Je crains bien d'être devenu ce que les Anglais nomment un *confirmed invalid*

« Mille amitiés à Mme Daudet; je vous serre cordialement la main.

« Votre Ivan Tourguéneff. »

Quand on en avait fini avec les livres et les préoccupations du jour, la causerie s'élargissait, on revenait aux thèses, aux idées toujours présentes, on parlait de l'amour et de la mort.

Le Russe, sur son divan, se taisait.

— Et vous, Tourguéneff?

— Oh ! moi, la mort, je n'y pense pas. Chez nous, personne ne se la figure bien, cela reste lointain, enveloppé... le brouillard slave...

Ce mot-là en disait long sur la nature de sa race et son propre génie. Le brouillard slave flotte sur toute son œuvre, l'estompe, la fait trembler, et sa conversation, elle aussi, en était comme noyée. Ce qu'il nous disait commençait toujours péniblement, indécis; puis tout à coup le nuage se dissipait, traversé d'un trait de lumière, d'un mot décisif. Il nous décrivait sa Russie; non pas la Russie de la Bérésina, historique et convenue, mais une Russie d'été, de blés, de fleurs couvées sous les giboulées, la Petite Russie, pleine d'éclosions d'herbes, de rumeurs d'abeilles. Aussi, comme il faut bien loger quelque part, encadrer d'un paysage connu les histoires exotiques qu'on nous conte, la vie russe m'est apparue à travers ses récits comme une existence châtelaine, dans un domaine algérien entouré de gourbis.

Tourguéneff nous parlait du paysan russe, de son alcoolisme profond, de son engourdissement de conscience, de son ignorance de la liberté. Ou bien c'était quelque page plus fraîche, un coin d'idylle, le souvenir d'une petite meunière rencontrée en terre de chasse dont il était resté quelque temps amoureux.

— Que veux-tu que je te donne? lui demandait-il toujours.

Et la belle fille, en rougissant :

— Tu m'apporteras un savon de la ville, pour que je me parfume les mains, et que tu les embrasses comme tu fais aux dames.

Après l'amour et la mort, on causait des maladies, de l'esclavage du corps traîné comme un boulet. Tristes aveux d'hommes qui ont passé la quarantaine! Pour moi, que les rhumatismes ne rongeaient pas encore, je me moquais de mes amis, de ce pauvre Tourguéneff, que la goutte torturait, et qui venait clopin-clopant à nos dîners. Depuis, j'en ai rabattu.

Hélas! La mort dont on parlait toujours arriva. Elle nous prit Flaubert. Il était l'âme, le lien. Lui disparu, la vie changea, et l'on ne se rencontra plus que de loin en loin, personne ne se sentant le courage de reprendre les réunions interrompues par le deuil.

Après des mois, Tourguéneff essaya de nous réunir. La place de Flaubert devait rester marquée à notre table, mais sa grosse voix et son grand rire nous manquaient trop, ce n'était plus les dîners d'autrefois. Depuis j'ai retrouvé le romancier russe à une soirée chez Mme Adam. Il avait amené le grand-duc Constantin qui, traversant Paris, désirait voir quelques célébrités du jour, un musée Tussaud attablé et vivant. Tourguéneff était triste et malade. Cruelle goutte! Elle le couchait à plat pour des semaines, et il demandait aux amis de le visiter.

Il y a deux mois que je l'ai vu pour la dernière fois. Toujours la maison pleine de fleurs, toujours les voix claires au bas des marches, toujours l'ami là-haut sur son divan : mais combien affaibli et changé ! Une angine de poitrine le tenait et il souffrait encore d'une horrible blessure, l'extraction d'un kyste. N'ayant pas été chloroformé, il me conta l'opération avec une parfaite lucidité de souvenir. D'abord ç'avait été la sensation circulaire d'un fruit qu'on pèle, puis la douleur aiguë du tranchant dans le vif. Et il ajouta :

— J'analysais ma souffrance, pour vous la conter à un de nos dîners, pensant que cela vous intéresserait.

Comme il pouvait encore un peu marcher, il descendit l'escalier pour me conduire à la porte. En bas, on entra dans la galerie de tableaux, et il me montra des œuvres de ses peintres nationaux : une halte de Cosaques, une houle de blés, des paysages de la Russie chaude, celle qu'il a décrite.

Le vieux Viardot était là un peu souffrant. A côté Garcia chantait, et Tourguéneff, enveloppé des arts qu'il aimait, souriait en me disant adieu.

Un mois plus tard j'ai appris que Viardot était mort et Tourguéneff agonisant. Je ne puis croire à cette agonie. Il doit y avoir pour les belles et souveraines intelligences, tant qu'elles n'ont pas tout dit, un sursis de vie. Le temps et la douceur de Bougival nous rendront Tourguéneff, mais ce sera fini pour lui de ces réunions intimes où il était si heureux de venir.

Ah! Le dîner de Flaubert. Nous l'avons recommencé l'autre jour : nous n'étions plus que trois[1].

Pendant que je corrige l'épreuve de cet article paru il y a quelques années, on m'apporte un livre de « souvenirs » où Tourguéneff, du fond de la tombe, m'éreinte de la belle manière. Comme écrivain, je suis au-dessous de tout; comme homme, le dernier des hommes. Et mes amis le savent bien, et ils en racontent de belles sur mon

1. Écrit en 1880 pour le *Century Magazine* de New-York.

compte!... De quels amis parle Tourguéneff, et comment restaient-ils mes amis puisqu'ils me connaissaient si bien? Lui-même, le bon Slave, qui l'obligeait à cette grimace amicale avec moi? Je le vois dans ma maison, à ma table, doux, affectueux, embrassant mes enfants. J'ai de lui des lettres cordiales, exquises. Et voilà ce qu'il y avait sous ce bon sourire... Mon Dieu, que la vie est donc singulière et qu'il est joli ce joli mot de la langue grecque : Eirôneia.

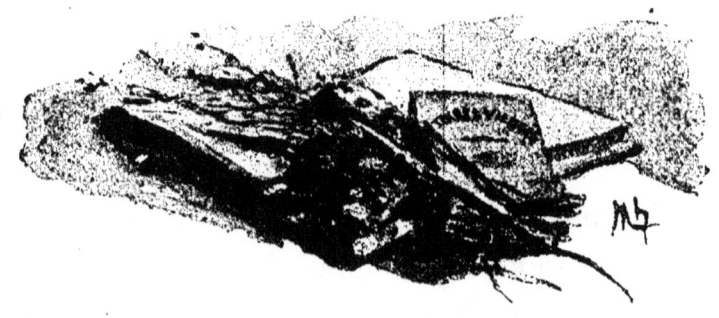

TABLE DES MATIÈRES

—

	Pages.
L'arrivée	1
Villemessant	25
Premier habit	45
Histoire de mes livres : *Le Petit Chose*	65
Les Salons littéraires	87
Mon Tambourinaire	113
Histoire de mes livres :	
Tartarin de Tarascon	139
Lettres de mon moulin	159
Première pièce	179
Henri Rochefort	193
Henry Monnier	221
La fin d'un pitre et de la bohême de Murger	229
Histoire de mes livres : *Jack*	257
L'île des Moineaux. — Rencontre sur la Seine	287
Histoire de mes livres : *Fromont jeune et Risler aîné*	297
Tourguéneff	333

PARIS. — IMPRIMERIE A. LAHURE
9, RUE DE FLEURUS, 9

www.ingramcontent.com/pod-product-compliance
Lightning Source LLC
Chambersburg PA
CBHW060326170426
43202CB00014B/2682